CREA UNA
VIDA PLENA

*Sugerencias para una experiencia
a tu medida*

MARA CASCÓN

Imagen de portada: "Hayedo de Montejo", óleo sobre lienzo de Mara Cascón

ISBN: 978-1540398277

Mara Cascón

www.farodeluz.es

mara@farodeluz.es

*A todos aquellos que han formado parte de mi vida en el pasado,
lo hacen en el presente o lo harán en el futuro,
porque gracias a todos ellos soy quien soy.*

Índice

Cómo leer este libro 11

PRIMERA PARTE
Para una vida sana y placentera

Capítulo 1 - *Cuidados del cuerpo* 15
  Alimentación 15
  Descanso 19
    El insomnio 20
  Trucos de belleza 21
  Las vibraciones cotidianas en tu ámbito 25
    El color 25
    El sonido 26
    Nuestra voz 27
Capítulo 2 - *Cuidados de la mente* 29
  Actitud ante la vida 29
  Rescatando sueños e ilusiones 31
  Cultivando la alegría 35
    Cómo afrontar la frustración 35
    La soledad y la tristeza 37
    Ocuparse Vs preocuparse 39
  Cómo decretar 41
    Coherencia 43
    Sinceridad con uno mismo 47
  Perseverancia 49
  El miedo como sentimiento 52
  El perdón 54

Técnicas de perdón 56

Que tu mente sea tu aliada 57

Capítulo 3 - *Cuidados del espíritu* 61

Tiempos revueltos 61

Camino de evolución 63

¿Se puede retroceder? 65

Gestión de las emociones. 65

El miedo y la ira 67

El camino espiritual 69

Etapas habituales 70

Precauciones en el camino espiritual 71

El consumo de espiritualidad 74

Terapeutas y trabajadores de la energía. 76

La soledad o desconexión 78

Canalizaciones 79

Vidas pasadas o simultáneas 83

Los seres sutiles 86

SEGUNDA PARTE
Poner orden

Cómo poner orden 89

Capítulo 4 - *Las relaciones.* 93

Las relaciones sentimentales, una asignatura pendiente 95

Terminar una relación. 95

Conseguir pareja ideal 96

Valoración y respeto, bases de la educación y la convivencia 98

Capítulo 5 - *La meditación, una herramienta maravillosa* 101

Motas del universo, dioses en acción 103

La acción de Ser. 104

Somos libres de no actuar 106

Frutos de la no acción 108

Agradecimientos 109

Cómo leer este libro

La vida es una experiencia apasionante, como una montaña rusa, con altibajos, fuertes impresiones, diversión y disfrute. Podemos dejar entrar el miedo, pero si lo dejamos salir gritando, dejará de molestar hasta la siguiente bajada imprevista. Lo que es seguro es que siempre remontamos y llegamos al final del recorrido con un suave frenazo.

Anímate a subir con alegría y ganas de fiesta. Será mucho mejor, porque los vaivenes los vas a tener de todas formas. Abre los ojos y siente el viento en la cara para no perderte nada de este fantástico parque de atracciones.

En estas páginas volcaré de distintas maneras parte de mis sensaciones en la montaña rusa. Este libro se inició como un manual que aportara algún atajo o apoyo en el camino de vida para hacerlo más llevadero, pero un libro de autoayuda puede resultar muy pesado. Por ello, prefiero trufarlo con cuentos, relatos y anécdotas que lo hagan más digerible, incluso divertido.

Su función es aportar lo que mejor te venga en este momento: consejo, refuerzo, entretenimiento, aprendizaje, impulso, referencia, recuerdo. Pero sobre todo ánimo, alegría y paz; los mejores ingredientes para una buena sopa existencial.

Este libro está construido de tal forma que puedas acceder a la parte que más te interese en cada momento. Tiene alimento para tu mente, tu cuerpo y tu espíritu. Según te convenga puedes optar por leerlo de principio a fin, aprovechando todos los apartados, o bien leer solo aquellos que te interesen de cada ámbito.

Incluso puedes probar a leerlo de atrás hacia adelante. Es algo que hago de vez en cuando, especialmente con los artículos de las revistas que no sé si me van a interesar. Comienzo leyendo los párrafos del final y si me engancha voy subiendo. Algunas veces llego hasta el principio y entonces recomienzo la lectura en el orden que establece el autor para terminar de captar todos los matices del texto.

Busca, indaga en distintas partes del libro, seguro que en algún lugar encontrarás algo que te resuene o sirva de algo. Tal vez te ocurra que una parte la comprendas y otra no. Déjalo reposar y retómalo pasado un tiempo. Más de una vez me ha pasado lo mismo y después me pareció absolutamente claro lo que leía, pues había llegado al punto adecuado para ello. Estamos en continua evolución y muchos libros tienen información a distintos niveles que vamos captando según llegamos a ellos.

De todas formas he intentado hacerlo lo más accesible posible, así que lo más seguro es que no tengas ninguna dificultad. Las partes que te resulten más difíciles de digerir considéralas una novela, pura ficción. No pretendo convencerte de nada. Por ello, permite que estos mensajes lleguen en el barco de la imaginación; ya decidirás después si quieres subirlos al muelle de la creencia.

Gracias por tu comprensión y tu complicidad.

PRIMERA PARTE

Para una vida sana y placentera

Siempre he considerado al Ser Humano como una entidad indivisible, por mucho que se hayan hecho innumerables disecciones para poder estudiarlo, enfocarlo y valorarlo. Especialmente en nuestra civilización occidental.

Pero, para facilitar una estructura coherente en el material que expongo en este libro y un hilo conductor para guiarnos por él, he optado por utilizar una de las clasificaciones más sencillas y clásicas: la de Cuerpo, Mente y Espíritu. Todos estos niveles están intrínsecamente relacionados y se influyen mutuamente, por ello cualquier acción o mejora en uno afecta automáticamente a los demás. Incluso en algunos casos resulta difícil determinar en qué apartado encajar un tema pues todos tienen incidencias múltiples.

Somos una unidad y cualquier "ángulo" o punto de enfoque es válido para transformarla y convertirla en aquello que nos haga sentir bien y se corresponda con nuestro ideal en este momento. Si trabajamos en varios a la vez, el efecto se multiplica exponencialmente. Libérate de obligaciones. Lo que aquí expongo son simples sugerencias que has de valorar si te apetece seguirlas o no. Cada uno ha de hacer su propio mapa de ruta, el que más le convenga, el que más disfrute. Aunque las experiencias de otro te pueden servir de referencia para hacer tu vida sana y placentera. Por ello, aquí te ofrezco las mías.

Capítulo 1

Cuidados del cuerpo

Alimentación

Una buena alimentación no está reñida con la salud ni con el goce de comer, más bien van intrínsecamente unidas. Comer cosas ricas y saludables, con conocimiento de su efecto en nosotros aporta una de las mayores fuentes de bienestar y placer.

Dos principios básicos:

- ✓ *Come con gusto y agradecimiento* todo lo que ingieras, cuando y como lo necesites, saboreándolo. Seguro que te sentará bien y lo aprovecharás al máximo convirtiéndolo en energía para tu actividad.
- ✓ *Toma lo que te indique tu estómago*, lo que te pida el cuerpo, no el paladar o la mente. La ansiedad y la gula no son buenas consejeras. Como tampoco lo son los prejuicios sobre la gordura o los preceptos rígidos de la nutrición en todas sus vertientes, puesto que ambos generan culpabilidad.

Más sugerencias:

✓ *Bebe agua a tu criterio*. Es un inmenso placer que sustituye en muchas ocasiones la acción compulsiva de comer entre horas para saciar nuestra inquietud. Hidrata las células y ayuda a liberar toxinas.

✓ *Mantén estable el nivel de glucosa*. Cuando queramos consolarnos o llenar un vacío en el estómago fuera de las comidas principales, podemos recurrir también a una pieza de fruta que nos aportará la glucosa suficiente para continuar hasta la próxima comida. Procuraremos tomar, en el desayuno y la comida del mediodía, alimentos que contengan suficientes nutrientes de asimilación lenta que mantengan estable ese nivel de glucosa a lo largo de la mañana o la tarde. Suelen ser apropiados los hidratos de carbono de los alimentos integrales, especialmente los cereales, y también los frutos secos.

✓ *Evita en las cenas las proteínas de origen animal*. Así ahorraremos un gran esfuerzo al aparato digestivo durante la noche y nuestro organismo podrá dedicarse a la regeneración celular durante ese tiempo, levantándonos al día siguiente descansados y plenos de vitalidad.

Esta costumbre por sí sola reportará un gran beneficio a nuestra salud. Recuerda: los productos vegetales son de fácil asimilación y puedes ingerirlos sin problemas por la noche, pero los de origen animal utilizan en su digestión casi todas tus energías, no quedando suficientes para la recuperación de tejidos, ni para llenar tus depósitos de reserva vital.

✓ *Averigua tu grupo sanguíneo*. Otra forma de facilitar a nuestro cuerpo su trabajo de transformación y asimilación de los alimentos que ingerimos es suministrándole aquellos más apropiados para él. Una guía valiosa para conocerlos es la que aportan los Grupos Sanguíneos[1]. Según la configuración de nuestra sangre, estamos más o menos preparados para asimilar ciertos alimentos. Algunos resultan muy beneficiosos y otros no, en función del grupo sanguíneo del que seamos portadores.

El grupo A, por ejemplo, está especialmente dispuesto para los vegetales y el grupo 0 para las carnes. Resulta interesante indagar en las relaciones de alimentos buenos, neutros y perjudiciales de cada grupo, para orientarnos a la hora de elegir nuestra comida. Sugiero contrastar con la propia experiencia y después ir retirando o reduciendo aquellos que nos sientan mal.

✓ *Observa tus alergias e intolerancias alimentarias*: son las reacciones adversas que nuestro cuerpo tiene ante ciertos alimentos. Pueden manifestarse de forma muy violenta como en las alergias, o más soterrada como en las intolerancias. En ambos casos se producen situaciones de fatiga, malestar, hinchazón, flatulencia, dolor de cabeza e irritación, entre otros. Evitar la ingesta de esos alimentos que nos resultan tan perjudiciales es el mejor remedio.

Cuando se trata de alergias es necesario identificarlas cuanto antes, pues pueden llegar a poner en peligro la vida. Suele ser más fácil dar con ellas porque se hacen notar claramente. Sin embargo en las intolerancias, podemos llevar sufriéndolas durante años y no tener conciencia de ello. Las reacciones, al ser más lentas y sutiles, resulta más complicado conectarlas con el producto concreto que las causa. Pero si sufrimos los síntomas que he comentado, sobre todo después de comer, convendría que nos tomáramos un poco de tiempo para observar qué es lo que nos sienta mal.

---

1 *Los Grupos Sanguíneos y La Alimentación* de Peter J. D'Adamo y *La clave está en la Sangre* de Neil Stevens.

Probar con las sugerencias de los Grupos Sanguíneos antes mencionados es una vía bastante rápida y útil para estructurar nuestra búsqueda. Tomar notas de lo observado en nuestro cuerpo y verificarlo varias veces, nos llevará a conocer qué es lo que nos sienta bien, cumpliendo su función de nutrirnos tras una rápida y fácil digestión. Y nos ayudarán a descartar lo que nos causa malestar, difícil digestión y prácticamente nula asimilación.

No obstante, esto no ha de suponer una limitación estricta —en el caso de las intolerancias—. Si nos apetece tomar alguna vez uno de esos alimentos considerados perjudiciales, podemos hacerlo, aunque sabiendo ya a lo que nos exponemos, con conocimiento de causa y asumiéndolo. O, por el contrario, podemos renunciar a tomarlo porque no nos compense hincharnos como un balón durante varios días.

Las intolerancias alimentarias pueden ir superándose con el tiempo. En la medida en que nuestro estado físico y emocional mejoran, desaparecen la tensión y el estrés, y con ellos, la dificultad de asimilación.

✓ *Ignora la presión social que experimentas en las comidas*, bien sean con amigos, en el trabajo, con la familia, o en cualquier otro grupo, incluso por parte del camarero que nos atiende; es difícil sustraerse a ello, pero no imposible. Me refiero a esa insistencia a que comamos más cantidad, o determinadas cosas, como un postre, un café, vinos y licores, para agradar a quien nos invita o para estar en línea con lo que hace "todo el mundo". Toda esta presión se realiza en apariencia con la mejor intención, puesto que en nuestra cultura, al menos la española, el comer y el beber mucho se conecta con la alegría, la salud y la abundancia.

Los únicos que sabemos dónde está la medida de nuestra alegría, salud y abundancia respecto a la comida —como en todo lo demás— somos nosotros. El que tendrá que digerir todo lo que entre por nuestra boca será nuestro estómago, y el que tendrá que hacer frente a los excedentes de azúcares, grasas y toxinas, es nuestro organismo. Por lo que habremos de acudir en su defensa y cuidarlo como si de un niño se tratara, digan lo que digan los demás.

El placer que se experimenta en una comida no está reñido con la mesura, el gusto por lo sano y lo natural, ni con el vegetarianismo más o menos estricto. Probablemente sean formas de ampliar ese disfrute, no solo en el momento de sentarse a la mesa, sino también en las horas y días subsiguientes. Recordémoslo para no ceder ante el gusto ajeno a la hora de comer.

Descanso

El descanso es otra fuente de salud y un estupendo truco de belleza que nos permite lucir magníficos dentro y fuera.

En nuestra ajetreada vida en la ciudad no se le presta la atención debida. Es tan importante "hacer", que nos olvidamos de que para conseguirlo hemos de contar con todas nuestras facultades, tanto físicas como psíquicas. La forma de que estén en su pleno potencial pasa por dedicar al descanso el tiempo que cada uno necesite, pues varía de una persona a otra.

No solo me refiero al descanso nocturno del que hablaremos a continuación, sino a esos espacios de reposo que a lo largo del día nos pide nuestro cuerpo o nuestra mente, necesarios para continuar frescos y serenos. En este libro doy algunas ideas para obtener- los casi en cualquier lugar, en unos pocos minutos, gratificantes e intensos, que nos inoculan esa fuerza vital que a veces parece que hemos dejado escapar. Te sugiero que escuches las llamadas de atención de tu organismo en este sentido. Recuerda que es tu vehículo para transitar por este mundo. Desatenderlas puede llevarte a situaciones desagradables de fatiga profunda y enfermedad, mucho más difíciles de resolver y que podrían haberse evitado con estos pequeños espacios de quietud y relax. Haz un sitio en tu agenda a estos momentos de reposo, programando tu descanso como una actividad más.

El insomnio

La noche. Para algunos solo pensar en que se acerca ya les inquieta. Su insomnio les hace sentirse impotentes y expuestos a un suplicio que se repite en cada una de ellas. Algunas pautas simples pueden ayudar; también a los que tienen un sueño inquieto. Son hábitos de vida que facilitan la entrada en un sueño profundo y reparador:

- ∨ *Crea tu ritual de irte a dormir*, por ejemplo, lavarse los dientes, ponerse el pijama, cerrar la puerta de la calle, apagar las luces, meditar unos minutos en silencio y dar gracias por todo lo recibido —orar viene a ser el equivalente, si eres religioso—, despedirse hasta el día siguiente de las personas con las que convivas, etcétera.
- ∨ *Evita realizar un trabajo intelectual justo antes*, como trabajar en el ordenador, poner al día tus cuentas o similar.
- ∨ *Baja tu nivel de actividad*. Una charla tranquila, la lectura de un libro, un pequeño paseo, pueden ayudar tanto a nivel mental como físico y propiciar la entrada en las horas dedicadas al sueño.
- ∨ *La cena* es recomendable hacerla varias horas antes de acostarnos, pues su digestión interfiere en nuestro descanso.
- ∨ *El dormitorio* ha de ser el lugar consagrado a dormir sin interferencias, con lo que propiciaremos que reine el silencio y la penumbra o la oscuridad, según se prefiera. Dejaremos fuera de él todos los aparatos electrónicos como móviles, ordenado-

res, televisores, radios, teléfonos inalámbricos, despertadores eléctricos, etc. que con sus campos electromagnéticos interactúan con nuestras ondas cerebrales generando distorsiones e impidiendo que entren en su estado de reposo natural.

✓ *Un colchón cómodo,* unas sábanas agradables, un poco de Reiki, incluso música Hemi Sync[2] específica para dormir, u otra de nuestro gusto, a bajo volumen, terminarán por ayudarnos a conseguir conciliar el sueño cada noche y convertirlo en hábito, desterrando al indeseado insomnio.

Trucos de belleza

¿Sabías que lo que nos atrae de otro ser humano no son sus facciones perfectas, su cuerpo proporcionado o su simpatía? Es algo más indefinible. Es su energía, una especie de halo que lo envuelve y que nos hace percibirlo antes que verlo.

Haz la prueba: ¿cuántas veces te has encontrado con alguien y te han encantado sus ojos? Sin embargo, es probable que luego ni siquiera seas capaz de decir cuál era su color. Realmente los ojos son el reflejo del alma. Es a ella a la que me refiero cuando digo que su presencia y las sensaciones que nos llegan de ella son lo que nos hace considerar a una persona como bella, agradable, atractiva o a la inversa, poco agraciada o desagradable. Con todos los matices intermedios, por supuesto.

Descubrirás que hay aspectos de tu persona que no tienen nada que ver con tu aspecto físico y que, sin embargo, ejercen una fuerte influencia en los demás. Por ejemplo, la voz. La sonoridad de su timbre, el tono que empleas según lo que estés expresando, la ca-

---

2 Hemi-Sync® es una tecnología de sonido desarrollada por el Instituto Monroe para la sincronización de los hemisferios cerebrales, alcanzando diferentes estados de consciencia.

dencia de las palabras y las frases. Todo ello transmite tu interior, desde el estado de ánimo, hasta las convicciones más profundas y la forma de encarar la vida. Es indefinible, pero está ahí. Independientemente de lo que digas, el **cómo** lo digas te representa. Recuerda a los actores de doblaje, cómo una voz determina el carácter y la personalidad de nuestro actor o actriz favorita. Tanto, que si le ponen otra voz es como si no fuera el mismo, a pesar de mantener la imagen y los diálogos.

Esa emanación sutil del alma es lo que llega a los demás, y es, por tanto, donde hemos de aplicar los tratamientos de belleza si queremos lucir espectaculares. Nuestra sonrisa, nuestra mirada, nuestra piel y nuestra figura resplandecerán como ella. Traslucirán ese estado de bienestar interno, fruto del equilibrio y la armonía que hayamos alcanzado. Y nos ahorraremos tiempo y dinero en cosméticos, ropas y accesorios. Luciremos magníficos con muy poco, porque la belleza está por dentro e irremediablemente asomará por fuera.

¿Cómo hacerlo? Dándonos todo aquello que no podemos, no debemos, esperar de los demás:

1. *Dándonos un Amor inmenso, incondicional.* Queriéndonos sin expectativas, sin límites. Eso solo podemos hacerlo nosotros. Cualquier otra persona tiene sus propias condiciones, por muy cercana y generosa que sea. Este Amor implica tolerancia, respeto, comprensión. Es decir, es el opuesto de la culpa y la recriminación que tanto acostumbramos a prodigarnos. Implica convertirnos en nuestro mejor amigo, siempre presente, siempre atento y cariñoso. El amigo que nos acepta tal cual somos, sin intentar cambiarnos, ayudándonos a hacerlo si lo deseamos. El amigo que nos anima en todo lo que emprendamos, consolándonos en las penas, y que está siempre disponible para lo que sea.

2. *Cuidándonos como si fuéramos un niño a nuestro cargo.* Esto implica atender nuestras necesidades básicas con esmero y diligencia. Son prioritarias, lo que significa que están por

delante de las obligaciones como el trabajo, la familia, los amigos Sí, parece un poco egoísta, pero muy al contrario, permite estar en perfectas condiciones para atender todos esos campos con plenitud de fuerza, consciencia y alegría. Estas necesidades básicas las desarrollamos en otros apartados. Son la alimentación, el cuidado del cuerpo, el descanso, el cobijo, la salud.

3. *Mimándonos y premiándonos*. Es un matiz diferente de las dos anteriores sugerencias. Se trata del agasajo, del regalo que siempre esperamos recibir de nuestra pareja, nuestra familia o nuestros amigos. Es el regalo que no hemos de esperar de nadie porque podemos hacérnoslo nosotros mismos. Además somos los más indicados para saber qué es lo que más nos agrada en cada momento, no antes ni después, sino en ese preciso momento. Puede ser una simple, única y maravillosa flor, o un tranquilo paseo en soledad por nuestro lugar favorito, una puesta de sol, una delicia gourmet o un masaje relajante o terapéutico, según necesitemos y gustemos. Estos pequeños autorregalos, llenos de gozo y placer, permiten el propio reconocimiento y elevan nuestra autoestima, sin depender de la opinión o criterio ajenos. Y seguro que moverán a nuestro entorno a imitarnos.

El equilibrio y la paz interna que iremos ganando con estas nuevas actitudes nos aportarán la luz y el resplandor que asomará en nuestra piel, nuestros ojos y todo nuestro cuerpo. Podemos ayudarlo a diario con alguna práctica de **Meditación** o con alguna técnica de energía sanadora, como **Reiki**.

Estos consejos me han sido de una gran ayuda. Verás lo divertido que resulta comprobar cómo todo el mundo se sorprende cuando mencionas tu edad, que no podrán imaginar de antemano ante tu aspecto.

Puedes probar e intentarlo. Es infinitamente más barato que cualquier tratamiento de belleza o cosmético, aunque tampoco has de renunciar a ellos si quieres regalártelos, pero en realidad ya no los necesitarás.

Cuidemos de nuestro interior, porque se traslucirá por todos nuestros poros, en todo lo que hagamos y cómo lo hagamos. Si nos proponemos alcanzar la Paz interna, lo demás se dará por añadidura, sin necesidad de perder tiempo y recursos.

Resumiendo: una vez seguro/segura de ti misma, de la belleza que desprendes, de la luz interna que te alumbra, no tendrás ninguna duda de que aquellos a los que atraes valoran lo que perciben y, por tanto, están en sintonía contigo. No pretendamos ser un imán para todos, porque solo atraemos lo que nos refleja. Pretender ser estupendo para todo el mundo no solo es imposible, es además agotador.

Los demás son nuestro espejo y de una forma u otra nos muestran algo de nosotros. Puede ser algo hermoso —lo que generalmente nos gusta de otros—, o algo poco agradable —lo que no nos gusta de nosotros mismos—.

Son un indicativo de lo que hemos de cultivar o mejorar, nada más, sin recriminaciones ni culpa. Estas sensaciones internas también nos permiten distinguir y seleccionar cuáles son nuestras preferencias a la hora de escoger compañía y evitar así la incomodidad de estar en situaciones o relaciones que no son adecuadas para nosotros. Seamos dueños de nuestro espacio y de nuestro tiempo, entregando atención y afecto a quienes decidamos, limitando al mínimo las imposiciones sociales.

Las vibraciones cotidianas en tu ámbito

El color

¿Te has fijado alguna vez en las sensaciones que se desencadenan en tu cuerpo, en las emociones que se ponen en movimiento, cuando miras un color, contemplas un paisaje o miras un cuadro?

Estás sintiendo las vibraciones del color que pasan a través de tus células, de tu campo de energía, que los movilizan y afectan. Están haciendo resonar todo el contenido de tu cuerpo y de tu aura: fluidos, registros de memoria, bloqueos, reservas dormidas...

Estas ondas que se desplazan a través de nosotros, como de todo lo que nos rodea, son vibraciones emanadas por un potente emisor, el color. Afectan de diferente manera a cada uno, según su momento y situación, generando reacciones diversas. Algunas por ser muy comunes están tipificadas, como la excitación o irritación que puede provocar el color rojo, o el efecto sedante del verde. Por ello se las utiliza en terapias para recuperar la salud y el equilibrio mental y emocional, aplicándolas en diferentes partes del cuerpo o enfocándolas sobre situaciones que nos generan una dificultad.

Es interesante tenerlo en cuenta a la hora de pintar las paredes de nuestra casa o del lugar de trabajo, para encontrarnos en el estado óptimo en cada sala según su uso, para que nos ayude en lugar de causarnos interferencias no deseadas. Lo mismo ocurre a la hora de elegir nuestro atuendo. El color de la ropa influye en nuestras emociones, estimulando determinadas características según su tono. Por ejemplo el sedante y protector color azul, que facilita la comunicación. No hay mejores ni peores, solo son potenciadores, por lo que habremos de prestar atención a lo que suscitan en nosotros, buscando siempre sentirnos cómodos con aquellos que elijamos lucir.

Los cuadros también cumplen una importante función. Nos abren ventanas de luz y color hacia otros horizontes, ampliando los contados metros de nuestro espacio vital. Son una fuente visual y sensorial de primer orden que contribuyen a conseguir la armonía de nuestro cuerpo, nuestra mente y nuestro espíritu.

Su contenido, calidad y calidez son determinantes a la hora de conseguir este bienestar. Al elegirlos para acompañarnos hemos de **sentirlos y sentirnos**, para establecer un diálogo que nos aclare si serán buenos compañeros.

Habremos de evaluar también los que ya forman parte de nuestra casa, para saber si nos conviene mantenerlos a nuestro lado o han de salir de nuestra vida; pues lo que fue válido hace tiempo puede no serlo ahora.

Por lo general, lo que el artista plasmó en el lienzo, la tabla o el papel, se percibe al mirarlo. Bien sean sentimientos de paz y belleza, como de angustia y dolor. Y, por supuesto, se transmite al entorno en el que están. Por ello es tan importante discernir desde nuestro sentir aquello que vamos a permitir que forme parte de nuestro espacio más íntimo o del lugar dónde nos pasamos largas horas de labor.

La simple contemplación de una hermosa pintura puede llevarnos a un profundo estado de paz, a calmar la mente y a conseguir el equilibrio interno que, tal vez por otros medios, no nos sea posible lograr, por falta de tiempo, práctica o conocimiento.

El sonido

Aún más poderoso que el color es el sonido. El efecto de su vibración es inevitable, puesto que no tenemos párpados con los que cerrar los oídos. Su frecuencia siempre nos alcanza, aunque sea bajo su volumen. Mucho más cuando ese volumen es elevado.

Observar nuestro espacio sonoro aportará también una valiosa información sobre aquello que nos esté perjudicando. Podemos cambiarlo haciendo desaparecer la fuente discordante de sonido o sobreponiendo otra más grata y en sintonía con nosotros —los llamados ruidos blancos que ayudan a camuflar los ruidos ingratos—. Por ejemplo, una grabación con el sonido del mar o de un arroyo pueden ayudar a sobrellevar el del tráfico circundante.

La belleza y perfección de los sonidos de la naturaleza los hacen muy aconsejables para conseguir mantener nuestro equilibrio, sea cual sea la tarea que realicemos.

La música, por otra parte, es uno de los magníficos regalos de nuestro tiempo. Está al alcance de todos, en cualquier lugar y nos transforma de inmediato en pocos minutos. Para bien o para mal, según nuestro nivel vibratorio. No hace falta decir lo cuidadosamente que habremos de escoger lo que oímos, puesto que nos puede llevar directamente al cielo o a embarrancarnos en un malestar que ni siquiera sabremos de dónde procede si no hemos mantenido bien despierto a nuestro observador.

En definitiva, se trata de mantener lo más armónico posible nuestro espacio sonoro. La vida en la ciudad no lo hace fácil, por lo que es muy recomendable salir con frecuencia a beber en las fuentes vibratorias de la naturaleza. La montaña y el mar permitirán restaurar cualquier disfunción, aunque requerirán de más o menos tiempo según su profundidad y amplitud[3].

Nuestra voz

Dentro de los sonidos hemos de contemplar nuestra propia voz. Sí, esa gran desconocida, olvidada en el fondo de un cajón. Me refiero a **la voz que canta y entona**.

Nuestra voz es un valioso talismán que nos lleva a centrarnos de inmediato en el aquí y el ahora, al tiempo que nos eleva por encima de las mezquindades que puedan estar aturdiéndonos en un

---

3 Puedes ver estudios y aplicaciones de los sonidos de la naturaleza en la salud y bienestar de seres humanos en www.soundandlife.com

momento dado. Nos rescata de los pensamientos obsesivos y nos libera del cúmulo de responsabilidades y quehaceres que cargamos a nuestras espaldas.

No hace falta cantar bien, o tener lo que se llama una buena voz, ni siquiera saberse una canción; basta con utilizarla, reconocerla, dejarla aflorar bajo la forma de un tarareo, con la boca cerrada o abierta, notando cómo vibra nuestra boca, la cabeza, la garganta, el pecho.

Podemos emplearla con mayor volumen cuando estemos a solas y apreciar cómo resuena en las paredes y techo del lugar en el que estamos. Cuando usemos la voz a bajo volumen no ha de preocuparnos que pueda haber alguien cerca, pues no la oirán o desconocerán de dónde procede. En lugares distorsionadores, como puede ser cualquier calle de una ciudad, se diluirá en el concierto ambiental, pero resonará dentro de nosotros creando un espacio ocupado solo por ella, un espacio nuestro donde lo demás no puede entrar.

La voz, cuando se libera, es discreta y efectiva. Una sola nota, una simple vocal, emitidas con largueza y continuidad hacen milagros. Son como una nana para nuestro sistema nervioso. Lo que nos surja, sea lo que sea, es lo adecuado. La mente pondrá todas las objeciones posibles, puesto que esa es su función. Lo mejor es seguir lo que nos dicta nuestro corazón, y, en este caso, no hacer mucho caso a la mente, puesto que a nadie hacemos daño y nos resulta liberador y muy gratificante.

Si nos place, podemos ir más allá en el uso de nuestra voz. Es fascinante escuchar a las personas que participan en algún coro cómo relatan lo que disfrutan en él; aunque no sepan de música.

Me costó mucho reconocer esta maravilla que llevamos en la garganta, pero tras aceptarla y hacerle sitio, se ha mostrado como una potente herramienta a la hora de alcanzar la sanación y avanzar en la evolución personal. Primero en la propia y después en la de los demás, pues la utilizo en terapias y meditaciones guiadas con magníficos resultados. Olvidemos el miedo al ridículo y el ansia de perfección, y disfrutemos del regalo de nuestra propia voz.

Capítulo 2

Cuidados de la mente

Actitud ante la vida

Nuestra actitud es un factor determinante para tener una vida sana y placentera. Podemos optar por amargarnos o por vivir libres y felices, sin mayores expectativas.

¿Cómo hacerlo? Una forma es aplicar estos cinco principios de Reiki:

SOLO POR HOY NO ME ENFADO.

SOLO POR HOY NO ME PREOCUPO.

SOLO POR HOY SOY AMABLE.

SOLO POR HOY TRABAJO HONESTAMENTE.

SOLO POR HOY AGRADEZCO LAS BENDICIONES DE MI VIDA.

Estos principios hacen la vida más fácil, y aun cuando al comienzo de su práctica parezcan imposibles de cumplir, con nuestra intención, observación y perseverancia transformarán nuestra actitud día a día, hasta convertirnos en una persona serena y en paz, que sabrá atender las situaciones cotidianas desde el equilibrio y la armonía.

Nuestras metas han de ser alcanzables, para llegar a ese estado casi permanente de bienestar. Cada día podemos proponernos llevar a cabo uno de los principios, por ejemplo, "Solo por hoy no me enfado". Unas veces lo lograremos y otras no. No importa. Seguimos intentándolo. También podemos optar por practicar un solo principio durante toda una semana-mes-año, para ir adquiriendo hábito, cambiando a otro principio en el periodo siguiente.

Este entrenamiento con cada uno de estos principios nos llevará al cabo de un tiempo a tenerlos incorporados en nuestra actitud interna y externa. Los procesos de pensamiento habrán cambiado y ya no serán tan destructivos como antes, puesto que "SOLO POR HOY" vamos a ahorrarnos la hiel de la ira, el miedo de la preocupación, la tristeza de la hosquedad, la insatisfacción del hacer a medias y la frustración de fijarnos siempre en lo que no tenemos.

En realidad con este "solo por hoy" estamos trabajando en el momento presente, donde está nuestro campo de acción, como bien ha expresado en sus libros el famoso Eckhart Tolle[4].

Podemos construir así nuestro día a día, desde el comienzo de la mañana y a cada paso, cuando se nos presente la oportunidad, que sin dudarlo se presentará. Somos el arquitecto, el aparejador y los obreros que vamos haciendo de nuestras vivencias lo que realmente queremos, utilizando para ello los materiales que las situaciones nos van aportando.

No serán las situaciones las que generen nuestros pensamientos y consecuentemente nuestros sentimientos. Somos nosotros, con nuestra decisión y dominio, los que utilizaremos las situaciones para crear lo que deseamos experimentar. En nuestra mano está el vivir algo como aprendizaje, transformación y gozo, sea lo que sea, o el hacerlo con disgusto y crispación.

En realidad nuestro libre albedrío consiste en eso, en escoger cómo experimentamos algo, en lo que hacemos con ello.

---

4 *El poder del ahora* y *Practicando el poder del ahora*, entre otros.

Una vez dominado y aprendido el arte de fluir con los acontecimientos, estos se irán amoldando poco a poco a nuestros deseos, como encajando en los raíles previamente definidos por nuestra opción interna y nuestra expresión externa.

Realmente nuestro bienestar se basa en las pequeñas cosas de cada día. Podemos obtener satisfacción eligiendo cómo queremos **responder** ante cada situación para obtener la plenitud y la paz que ansiamos. O podemos **reaccionar** con patrones antiguos que nos llevan al dolor y la frustración. Somos libres para elegir. Solo requiere de atención y propósito, aplicando unas sencillas herramientas que vamos a ir viendo a lo largo de este libro.

Rescatando sueños e ilusiones

¿En qué lugar has dejado tus ilusiones? ¿Dónde fueron a parar tus sueños? ¿Has conseguido realizarlos? Tal vez ha llegado el momento de poner en marcha alguno de ellos. Tal cual lo imaginamos o algo transformado y adaptado a nuestro momento presente. Sin dudarlo, demos los pasos necesarios para ir hacia su consecución. No importa lo que tardemos, lo interesante es que disfrutemos el proceso. Hacer aquello que nos mueve desde el corazón es una de las cosas más hermosas en las que emplear nuestro tiempo.

El resultado poco importa. Si partimos del centro de nuestro ser, con amor y respeto a nosotros mismos y a los demás, seguro que el proceso será fantástico, valioso y lleno de belleza.

Medirlo con los parámetros sociales de éxito económico, poder y fama no servirá de nada. Es otra la escala a utilizar: la de la satisfacción interna, la plenitud del logro, la superación del reto personal, la expansión del corazón. Todo ello nos sitúa en un lugar de integridad y unión, inalcanzable para el marketing y las propuestas continuas de consumo. Porque es impagable en términos materiales.

El mantener presentes nuestras ilusiones nos hace sentir vivos, es la sal del guiso de nuestra existencia. No se trata de ser ilusos y estar siempre alelados. Más bien lo contrario, de estar atentos a mantener la línea de acción que estructura la amalgama de pensamientos, actos, obligaciones y deseos de los que se compone nuestro día a día. Manteniendo la vista puesta en aquello que nos motiva y llena de alegría, de empuje y fuerza.

Para hacer prosperar nuestras ilusiones y sueños, lo mejor es crear un adecuado caldo de cultivo. Por ejemplo, cada mañana, para empezar nuestro monólogo interno al levantarnos, podemos decir:

Hoy es un gran día. Cada día lo es.

A partir de ahí todo puede contemplarse con una nueva luz, más optimista y festiva. Lo que ocurra lo enfocaremos desde otro ángulo, porque: ES UN GRAN DÍA irrepetible y fantástico en el que tenemos la fortuna de estar vivos, con la capacidad de sentir, de lograr lo que nos proponemos.

Te lo aseguro, conseguirás aquello en lo que te enfoques, sea lo que sea, grato o ingrato. Por eso es bueno observar atentamente qué es en lo que realmente nos centramos, lo que hablamos y lo que pensamos, pues esos son los carriles por los que llegará a nosotros la realidad.

La ilusión cumplida o el sueño realizado tienen un valor enorme, por muy pequeños que sean. Su tamaño no importa. Volvamos a las pequeñas cosas, al aquí y al ahora. Al entrenamiento en lo diminuto que nos llevará a la consecución de lo grande. Sea lo que fuere lo que cataloguemos así.

Investiga qué es aquello que has pospuesto por tanto tiempo o a lo que incluso has llegado a renunciar. Atrévete a pintar, a cantar, a escribir, a bailar, a fundar algo, a realizar un viaje, a vivir una aventura, lo que sea, en el ámbito que sea, puedes hacerlo. Comienza a caminar en su dirección. Como dice un proverbio taoísta "Un viaje de 1.000 kilómetros empieza dando el primer paso". Buen viaje.

———

Aquí comparto mis propios SUEÑOS CUMPLIDOS, *como muestra y aliciente para que cumplas los tuyos.*

Julio 2003

Estoy en mi lugar ideal de descanso. No imaginándolo en una meditación, sino físicamente. Unidos utopía y mundo real. Sentada aquí descubro que, hasta ahora, he hecho realidad todos mis sueños.

Poco a poco, sin sentir, se han ido materializando todos aquellos en los que he perseverado y puesto atención e intensidad emocional.

Y seguiré haciéndolo, por ello, en este momento, voy a definir qué sueños quiero realizar a partir de ahora.

Por cierto, el lugar ideal es una pequeña pradera junto a un arroyo de montaña de sugerentes rumores. Protegida y alfombrada por un árbol hermoso y acogedor, donde he podido disfrutar de la brisa y el sol en toda la extensión de mi piel. Con un cielo vibrante de azul y una soledad completa, llena de la compañía de la naturaleza.

Mis sueños son:

- *Tener un trabajo gratificante y útil que me aporte energía en lugar de quitármela y me asegure al menos los ingresos más que suficientes que me reporta el que ahora tengo.*
- *Disfrutar de una casa que me aporte el contacto regenerador con la naturaleza, aún más cómoda, bella y acogedora que la actual, si cabe. Cercana a mi trabajo para evitar el desgaste y la pérdida de tiempo en los desplazamientos.*
- *Mantener todas las comodidades actuales.*
- *Aumentar el afecto y la intimidad con mis seres más queridos.*
- *Despedir sin pena a los amigos que se han de apartar o de*

los que me he de apartar, y recibir con amor y apertura a los que llegan.

- *Dirigir mi vida con un **propósito** claro, integrado y permanente de dar Amor sin esperar nada a cambio, sabiendo aportar a cada uno lo que necesita en cada momento, sin confundir la dosis ni la medicina, con sabiduría y humildad.*
- *Mantener la conexión con mi Yo Superior y la Energía Divina, para no perder el rumbo.*
- *Salud, fuerza, alegría, energía y toda la vitalidad necesaria para llevar a cabo este propósito y convertir estos sueños en una realidad tangible.*
- *Lucidez para comprender las señales y fortaleza para seguirlas.*
- *Recibir mucho amor o, mejor aún, sentirme llena de él para no echarlo en falta.*

Febrero 2014

Revisando ahora esta lista de sueños, compruebo que están todos cumplidos. Algunos de una forma que no hubiera imaginado. Incluso sin cambios materiales importantes, tan solo perceptivos que me hacen ver lo mismo de otro modo.

Por ejemplo, sigo viviendo en la misma casa que ahora también es mi lugar de trabajo. Más vacía que antes de enseres y más llena de luz, color, sonido y energías de alta vibración.

Dispongo de tiempo para compartir este espacio con muchas personas y disfrutar del parque que la rodea como un gran jardín privado sin vallas ni muros.

*Han llegado a mi vida nuevos amigos con los que siento mucha afinidad e innumerables pacientes y alumnos con los que mi **propósito** se hace realidad.*

Marco mis horarios y escucho a mi cuerpo para darle el descanso que necesita o aprovechar sus ganas de actividad, lo que mantiene más estable mi salud y me da la inestimable sensación de ser la dueña de mi vida.

El Universo es muy imaginativo a la hora de satisfacer aquello que deseamos. Basta con dejarle hacer sin impacientarnos. Teniendo muy claro nuestro propósito y olvidándonos de la forma que ha de tomar.

Tú también puedes hacer tu lista. Ahora es el momento. Seguramente la verás cumplida mucho antes de lo que crees.

Cultivando la alegría

Nosotros decidimos cómo vivir. No es un eslogan más. Es verdad, y para ello voy a sugerirte algunas herramientas para que cada día de tu vida lo presida la Alegría.

✓ Expresa verbalmente tu contento para hacerte consciente de las bendiciones de tu vida.

✓ Valora y rememora tus momentos felices y cambia el hábito de centrarte solo en lo malo que te ocurre, en la queja continua que solo envejece, debilita y desanima.

✓ Evidencia tus momentos de alegría compartiéndolos o reconociéndolos ante ti mismo. Son muchos más de los que crees. Si les haces espacio en tu mente y en tu conciencia, se harán más presentes en tu vida y aumentarán en número y calidad por el poder magnético de la atracción. Recuerda: atraemos lo mismo que tenemos, la misma clase de energía o vibración en la que resonamos. Empieza a cultivar lo que quieres que forme parte de tu vida.

Cómo afrontar la frustración

La frustración puede hacerse presente en nuestro día a día, en momentos aislados, o permanentemente. No es fácil zafarse de ella. Parece que su garra no aflojará jamás, pero es pura ilusión, como todo lo que nos rodea.

Por propia experiencia, puedo sugerirte algunas tácticas para superarla. No son infalibles, pero sí pueden ayudarte a integrarla y transformarla. Veamos cómo:

✓ *Vivir la frustración* en primer lugar, experimentarla, darle espacio como a cualquier otra emoción. Forma parte de nosotros y negarla o apartarla no sirve de nada, pues volverá con fuerzas redobladas en el momento más inoportuno.

✓ *Apartar la culpa.* Una y otra vez habremos de apartarla. La que hacemos recaer fuera y la que descargamos sobre nosotros. Es una falacia. Solo una maniobra de distracción y autobloqueo. Si nos atascamos en la culpa, dejaremos de hacer algo para resolver la causa de nuestra frustración. Las lamentaciones nada resuelven.

✓ *Comprender la causa* de esta frustración, por qué la sentimos. Me refiero a indagar la causa profunda, no la superficial y aparente que casi siempre pasa por lo que el otro o el mundo nos han hecho. No hay culpables, somos nosotros mismos quienes diseñamos nuestras experiencias para desvelarnos algo, aprender y crecer.

✓ *Comprender para qué* sentimos esta frustración. Cuál es el aprendizaje que encierra. Para saberlo, habremos de preguntarnos, varias veces —es decir, volviendo a preguntar sobre la primera, segunda o tercera respuesta obtenida—, para qué estamos sintiendo impotencia, miedo, tristeza, incapacidad Es decir, qué pensamientos nos suscita la situación, qué sentimientos provocan esos pensamientos y qué parte de nosotros nos está mostrando la situación que estamos viviendo.

Así emprendemos la búsqueda del origen de nuestro malestar en lugar de dejarnos arrastrar por él. Para facilitar esta búsqueda, primero tratemos de llevarnos a un estado de paz o lo que más se aproxime, mediante lo que mejor nos venga en ese momento: la respiración, la meditación, el ejercicio físico, la distracción momentánea. Después volvamos al campo de estudio sin crispación y con la mayor objetividad posible, casi como si no se tratara de nosotros, y contemplemos con perspectiva cuál es el drama que se representa.

Ya que, el observar esta representación con atención y desapego, nos facilitará ese "¡Ajá! Esto es lo que está pasando, mmm...". Desde ese punto de vista del observador, la respuesta vendrá a nosotros con más facilidad que si vamos a buscarla.

∨ *Aceptar la frustración* es el siguiente paso. Puede que se nos muestre un aspecto de nosotros que no nos parezca grato, pero está ahí para que lo veamos y le demos la bienvenida. Como se la daríamos a un niño travieso que necesita nuestro cariño y amor a pesar de todo, porque lo que importa es su bello, profundo y maravilloso ser, independientemente de lo que haga. Así, con ese acogimiento, lo más probable es que abandone sus travesuras. O tal vez no, pero entonces nos resultarán livianas y no tremendas tragedias griegas, pues ya conocemos al niño y su forma de llamar la atención sobre algo.

La soledad y la tristeza

¿Cuántas veces nos sentimos hundidos bajo el peso de la soledad y nos invade la tristeza?

En ocasiones se debe a causas supuestamente objetivas provenientes de nuestras circunstancias. En otros momentos ni siquiera podemos achacar a nada externo estos sentimientos que nos invaden con su dolor y su parálisis.

Por lo general, no es el exterior el que nos lleva a este estado. Siempre es fruto de una reacción interna ante cualquier pensamiento que de forma puntual o, por el contrario, obsesiva, nos abruma con el miedo a infinidad de cosas: a quedarnos solos, a la incapacidad física, a las dificultades económicas, al desamor, y así hasta el infinito Cada uno tenemos nuestra particular lista de desgracias, en la mayoría de los casos poco probables, que nos hacen sentir mal con solo darle peso a un pensamiento relacionado con ellas. Teniendo en cuenta que nos pasamos el día enlazando un pensamiento con otro, sin casi ningún control, terminamos dando vueltas a las mismas ideas pesimistas que nos llevan a sentirnos tristes y solos sin ninguna razón que lo justifique.

Seamos dueños de nuestros pensamientos. Se producirán sin duda, pero de nosotros depende el darles crédito o no; el permitirles que nos influyan y que se repitan en una cinta sinfín. Si son indeseados pongámosles coto, no aceptemos su rotundidad absurda, argumentemos en contra y anulemos su efecto en nuestro estado de ánimo.

Pongamos un ejemplo: si tu garganta empieza a molestar no aceptes como algo ineludible el que vas a enfermar, con pensamientos del estilo "me estoy acatarrando", "me he enfriado y tengo una faringitis" o "ahora me dará fiebre". Estos pensamientos y otros similares te llevarán ineludiblemente a ese punto tan temido que aún no es real. Todas tus células, tejidos y órganos se dispondrán a obedecer tus instrucciones y te llevarán justo donde no quieres estar. Y no digamos tu estado de ánimo. Empezarás a sentirte débil, cansado y triste.

Porque normalmente añadimos pensamientos parecidos a "no valgo para nada", "siempre me pasa algo", "estoy solo y no tengo quien me cuide". Así no hay manera de estar alegre y feliz. Con tan solo cinco minutos de pensamientos de esta índole al día, tenemos asegurada la tristeza y la sensación de soledad.

Si tomamos un poco de distancia y analizamos lo que ocurre con un poco de objetividad, como si le pasara a otro, en realidad todo se resume en una gran llamada de atención, una petición de cariño y cuidados que esperamos venga de fuera. Eso es un error, somos nosotros quienes hemos de darnos ese amor, esa atención, ese mimo que ansiamos.

En realidad somos los únicos que podemos hacerlo. Los demás solo pueden aportar su granito de arena, pero la montaña es nuestra.

Cuando nos desconectamos de nosotros mismos, sentimos dolor, soledad y tristeza. Nos perdemos de vista y esperamos que otros nos encuentren. Miremos dentro de nosotros, en nuestro corazón, ahí reside la fuente de nuestra alegría, del amor con el que podemos envolvernos, llenarnos y hacernos renacer a la vida. No esperemos que llegue de fuera, busquemos dentro.

Al cuidarnos y darnos todo lo que ansiamos, nuestro entorno hará lo mismo por imitación, al captar lo que realmente queremos. Entonces estaremos en condiciones de valorar y agradecer su atención, porque es un **regalo** y no una **obligación** como lo percibíamos antes.

Recibimos lo que damos. Empecemos por **ofrecernos** lo mejor de nuestra cosecha. Nuestro Ser Interno, nuestro mejor amigo, está siempre ahí; por lo tanto, nunca estamos solos.

Algunas veces la tristeza es tan fuerte y estamos tan perdidos que no encontramos el camino de vuelta a nuestro interior. Para ello podemos recurrir a técnicas que nos ayuden a centrarnos y reconectar, como son la meditación, el Reiki, la respiración, la relajación profunda, el Tai Chi, el Chi Kung, el Yoga, o cualquier otra que para ti sea válida y te permita encontrar la paz.

Desde ahí, desde la neutralidad y la armonía, podremos orientar la corriente de los pensamientos a nuestro favor, para que nos proporcionen bienestar y alegría. Tú eres el dueño de tu mente y decides qué quieres sentir; ponte al volante y conduce.

Ocuparse Vs preocuparse

Otra sugerencia interesante para disfrutar de la alegría es la de **ocuparnos** en lugar de **pre-ocuparnos**. La misma palabra preocuparse tiene connotaciones de ansiedad, malestar y desazón que nos muestran una situación de impotencia y sus consecuencias inmediatas a nivel mental y emocional. A largo plazo esas consecuencias se manifiestan también a nivel físico provocando disfunciones orgánicas que derivan en muchos casos en enfermedades denominadas de "nuestro tiempo": nerviosas, degenerativas, inmunodepresivas, cáncer, diabetes y síndromes de todo tipo.

Cuando nos preocupamos estamos poniendo una gran carga de energía en algo sobre lo que nada podemos hacer en ese momento. Esto nos debilita y dispersa, desviando nuestra atención de donde realmente tiene que estar: en lo que estamos haciendo en ese instante, en aquello de lo que nos estamos ocupando. Si nos centramos en lo que tenemos entre manos, o entre neuronas, aquí y ahora, alcanzaremos un alto grado de excelencia en su realización y además disfrutaremos ampliamente de ello. Ambas cosas aportan una gran satisfacción que llenará nuestras cisternas energéticas; nuestras células y nuestros sentimientos se verán regados con una sensación de bienestar. Para ocuparnos de nuestras tareas una tras otra, elegidas o aparentemente impuestas, con toda la atención debida, es necesario un mínimo de organización:

1. Recuento de lo que "queremos hacer". Mejor transformarlo en elección, en lugar de considerarlo una obligación si lo expresamos como lo que "tenemos que hacer". Algunas parecen ineludibles y por tanto impuestas, pero nada lo es. Míralo desde fuera, da dos pasos atrás y obsérvalo lo más imparcialmente que puedas. Tú eliges, tú puedes optar por una cosa u otra, una forma u otra; tú puedes soltar las ataduras que sientas que te limitan o retienen. Recuerda: empieza tus frases con "Voy a...", en lugar de "Tengo que...".

2. Establecer un **orden de prioridades**, para atender primero lo ineludible o lo más importante para nosotros. Entre las primeras está la atención básica de los seres vivos, tú entre ellos —alimento, descanso, afecto...—.

Valora el tiempo de que dispones y úsalo plenamente sin sobrecargarlo, para disfrutar cada actividad sin la presión de la prisa continua. No se vive más porque se haga más, sino porque se saborea intensamente lo que se hace; porque se saborea más lo que se siente.

Cómo decretar

Otra forma de encarar un día torcido o una mala racha es decretando.

Reconociendo, por supuesto, cómo nos ha ido hasta ese momento, pero decretamos que a partir de ese instante cambiará, solo porque yo lo deseo y lo manifiesto. En voz alta o baja, pero lo digo y lo creo. Haz la prueba, verás que funciona.

No se trata de que nuestro yo mande sobre el mundo, en el que están imbricados todos los deseos y pensamientos de los demás, sino de fijar nuestra atención con fuerza en lo que queremos, para facilitar así que funcione la Ley de Atracción. Aquello en lo que nos enfocamos es lo que de forma irresistible viene a nuestra vida, sea lo que nos gusta o no. El sentimiento y la emoción puestos al servicio de nuestro pensamiento determinan lo que se materializa para nosotros.

Ten en cuenta que para el Universo solo existe la afirmación, y si ponemos un NO en la frase lo ignorará. Por ello, expresa y siente **siempre** lo que SÍ quieres, en tiempo presente y con plena confianza de que ya **es**. Por ejemplo: "Tengo una salud espléndida", en lugar de "No deseo enfermedades".

Si aun haciéndolo bien no obtenemos el resultado apetecido, dejémoslo fluir, no nos empecinemos. Es probable que la vida nos depare algo mejor que lo que nosotros pedíamos con nuestra mente limitada. La **paciencia** y la **observación** nos serán necesarias para poder ver la opción más válida que llega hasta nosotros. Mucho más sabia que la inicialmente escogida. Es un juego de táctica: hay que saber esperar para obtener los mejores resultados y ver cumplido el decreto básico que hemos lanzado al Universo, que nos reportará en última instancia el máximo de paz, bienestar, amor, alegría, etc. que hayamos deseado para nuestra vida.

Este es un ejemplo que nos puede ilustrar sobre la forma de decretar:

Una mujer con problemas económicos deseaba verlos resueltos, por lo que pidió que le llegara una cantidad importante de dinero. Su hija sufrió un accidente y obtuvieron una indemnización del seguro. Con ello cubrieron sus deudas, pero a través del dolor y el sufrimiento de alguien muy querido.

Realmente lo que deseaba era estar libre de problemas relacionados con el dinero. Una manera de decretarlo habría sido al estilo de lo que sugiere Conny Méndez[5]. Es decir, formulándolo en presente y como un hecho cierto. Algo así como:

"Mi situación económica es estable y abundante, de acuerdo con mi voluntad divina, en armonía para todo el mundo y de manera perfecta. Gracias".

Así tal vez lo que habrían encontrado ella, o su hija, hubiera sido un trabajo bien remunerado que habría dado estabilidad a su economía y evitado una situación peligrosa y desagradable.

Seamos conscientes de nuestras fijaciones, y enfoquemos nuestros pensamientos y nuestra atención en lo que realmente queremos, de forma clara y relacionada con la sensación que buscamos, sin detalles concretos, pues el Universo proveerá de forma beneficiosa e imaginativa.

---

5 *Metafísica* de Conny Méndez. Son cuatro libros que se pueden encontrar compilados en un solo volumen.

Coherencia

Un aspecto importante para el cumplimiento de nuestros decretos es la coherencia. Estamos hablando de la manifestación de deseos y pensamientos puros, es decir, sin mezcla con otros contradictorios que los anulen. La propia intensidad de un deseo va unida generalmente a la ansiedad por conseguirlo e incluso al miedo a qué ocurrirá después de lograrlo, y ello impide que el Universo ejecute nuestra orden, pues recibe dos decretos al mismo tiempo que se contraponen.

Los hechos y situaciones que se nos presentan a cada momento son la manifestación de nuestra energía enfocada. Observa de manera neutral —como dando un paso atrás—, y verás como encuentras los nexos entre lo que piensas o deseas y lo que ocurre —aunque sea brevemente—. Probablemente digas que no siempre es así y que cuanto más deseas una cosa, más parece alejarse. Esta historia tal vez te permita comprenderlo:

Un amigo escultor siempre estaba renegando de los ricos. Hablaba de ellos como si de una peste se tratara, al tiempo que se lamentaba de sus circunstancias económicas, inestables e insuficientes para llevar a cabo sus proyectos.

Estaba conectando con el concepto religioso de que la riqueza emponzoña y solo los pobres serán recibidos en el "reino de los cielos". Con lo cual no se permitía el acceso a esa clase de bendición: la riqueza.

Por otra parte, dependía de ellos para la venta de sus obras pues eran los que se lo podían permitir. Estaba "mordiendo" la mano que le alimentaba. Los mensajes que lanzaba al Universo eran contradictorios: por un lado quiero tener dinero y por otro detesto a quien lo tiene y me lo suministra. Esto le mantenía sumido en la amargura y en un estado de mezquindad emocional.

Cuando trabajamos juntos en la reorientación de esta creencia y empezó a mirar con otros ojos su realidad y su capacidad de generar recursos, todo cambió.

Pudo comprobar por sí mismo que "no era pobre". En unos meses de trabajo callejero, pintando caricaturas, ingresaba lo mismo que otros trabajando todo el año encerrados en una oficina. El resto del año podía dedicarlo a lo que realmente le gustaba: crear esculturas, incluso viajando por el mundo a simposiums en los que la organización cubría sus gastos.

Lo que ganaba con la venta de alguna de sus obras podía emplearlo en continuar con la reforma de la casa que había recibido en herencia de sus padres y que era su segunda pasión. Poco a poco la iba convirtiendo en un lugar bello y acogedor, con los materiales que iba comprando por España y fuera de ella, a muy buen precio gracias a su deporte favorito: el regateo.

Era un privilegiado y hasta ese momento no lo había visto. El cambio en su actitud, aceptando formar parte de la abundancia, sin estigmatizarse por ello, hizo que su vida se estabilizara permitiéndose incluso formar un hogar y crear una familia, en su lugar predilecto —que consiguió terminar—, disponiendo además de ingresos regulares que le empezaron a llegar por distintas fuentes y con un espléndido taller donde dar rienda suelta a su creatividad.

El dinero es una forma de intercambio que nos permite realizar lo que queremos y llega a su debido tiempo, si se lo permitimos. Por supuesto, es tan limpio como cualquier otra cosa si se usa con honestidad y reconocimiento. Si le mostramos nuestro agradecimiento y lo honramos estará presente en nuestra vida porque se siente bien recibido y apreciado.

———

Por tanto, la coherencia es fundamental para alcanzar nuestros propósitos. Además de ser una clave para nuestro bienestar, físico, mental y emocional. La coherencia establece una base sólida en la que se desarrolla cómodamente y sin distorsiones el funcionamiento de nuestras células y con ellas los órganos, los sistemas y el cuerpo en su totalidad. Evitando que se vean interferidos por emociones y pensamientos divergentes.

Si somos coherentes con lo que pensamos, decimos y hacemos estaremos en perfecto equilibrio para que fluya la salud, la vitalidad y la alegría. Nuestro espíritu estará en paz, y con él todo lo demás, pues de él depende.

Investiga en todos tus campos de actuación y verifica tu grado de coherencia en cada uno de ellos. Es un ejercicio interesante que te dará alguna que otra sorpresa.

Puedes formularte preguntas como: ¿criticas algo que tú mismo haces? ¿Ves que tus hijos han aprendido algo imitándote y, sin embargo, no se lo permites? ¿Sugieres a otros algo que tú nunca pones en práctica?

Contempla con especial atención si tus actos están alineados con tus palabras y estas, a su vez, con tus pensamientos. ¿Cuántas veces hacemos algo diferente de lo que decimos? ¿Cuántas veces hablamos sin reflejar fielmente nuestros pensamientos?

Esta falta de autenticidad nos daña en lo más profundo de nuestra constitución, tanto física como energética, y nos provoca importantes distorsiones. Nos engañamos y defraudamos a nosotros mismos, y también a los demás. Nos dispersamos en varias direcciones sin concretar algo que merezca la pena o haciéndolo superficialmente.

Observa atentamente, la falta de coherencia puede estar en nuestro pensamiento, en nuestra actitud o en nuestras palabras. Recuerda, mira siempre dentro, no fuera, busca dentro de ti la causa de tu malestar, porque es ahí donde se encuentra. Puede ser simple o muy compleja. Contémplate, pregúntate, experimenta con pequeños cambios hasta lograr la coherencia en tu interior, y, casi automáticamente, se transmitirá fuera.

A lo largo de los años, la práctica de la coherencia me ha llevado a transformar mi aspecto, mi casa, mi trabajo y mis relaciones. No ha sido traumático en absoluto, sino muy gratificante. He de reconocer que mi paso es de hormiguita y lo he ido haciendo poco a poco. Paulatinamente he vaciado mi entorno de todo lo que no me satisfacía y me hacía infeliz, de todo lo que ya no me decía nada, tanto si eran ropas, como joyas, muebles, objetos, libros, tareas autoimpuestas, aficiones, trabajos remunerados o voluntarios y relaciones de todo tipo —sentimentales, de amistad, de aprendizaje, de servicio comunitario, de evolución personal y espiritual...—.

Me he sentido cada vez más libre y ligera, sin lastres ni ataduras indeseadas. Solo dedicada a lo que realmente me importa. Entregada por completo a todo lo maravilloso que ha entrado en mi vida. Porque se ha llenado de nuevo. Esta vez solo con lo esencial, con lo que para mí es auténtico. Ahora mi casa es un lugar lleno de luz, espacio, color, aromas y hermosas vibraciones que llenan de paz a todo el que la visita. Mi atuendo es sencillo, cómodo y creativo, sin adornos, joyas, ni maquillaje, mostrándome tal cual soy, sin artificios. Es decir, dedico mi tiempo a mantener lo auténtico y esencial, fuera del alcance de lo que pueda sugerir la publicidad o la moda.

También he cambiado de trabajo, tras 36 años de profesión, y ahora me dedico a algo que me gusta. La enseñanza forma parte importante de ese trabajo. Esto me permite compartir lo aprendido y facilitar el camino de otras personas. Resulta maravilloso contemplar cómo se despiertan y aprenden a avanzar por sí mismas por horizontes mucho más amplios, seguras de su propio poder.

Han llegado nuevos amigos y conocidos, en número mucho mayor a los que antes tenía, que han enriquecido mi vida. Y he entablado nuevas relaciones de pareja que me han llenado de alegría y colmado mi corazón, en las que he compartido todos los aspectos de mi ser.

Por otra parte, he reorientado mis voluntariados y colaboro de otra forma en favor de la comunidad, con más impulso y amplitud que antes.

Este relato es solo para animarte a ser coherente y perseverante, pues con ello podrás superar cualquier obstáculo por grande que parezca, porque tu fuerza concentrada como una flecha en la línea uniforme de tus pensamientos, palabras y obras, te permitirá alcanzar lo que todos deseamos: UNA VIDA PLENA Y FELIZ.

Sinceridad con uno mismo

Algunas veces parece que nuestras emociones están saliéndose un poco del tiesto. En realidad, tan solo se están recolocando. Tal vez un poco de acritud nos recuerda y recuerda a los que nos rodean que somos seres humanos con mucho que mejorar, con sombras que integrar, con un trabajo que llevar a cabo y que no siempre permite asentir a todo con una sonrisa.

Que se nos desboque algún caballo es muestra de nuestra humanidad y del esfuerzo que realizamos en otras ocasiones para controlarlo. Mantener la Paz interna y externa es uno de los trabajos más arduos, ante las continuas provocaciones en todos los ámbitos. Esta denodada tarea debería ser suficiente para ser valorados y respetados por nuestro entorno. Precisamente esto no siempre se hace por parte de alguno de nuestros seres más queridos, acostumbrados tal vez a una actitud siempre positiva por nuestra parte.

No ha de importarnos, es con nosotros mismos con quien debemos estar conformes y con quien convivimos cada segundo de nuestra vida. Nuestra propia compañía es la única segura, por ello es la que hemos de cultivar y mejorar para nuestro bien. Cuando mostramos un estado beatífico es porque realmente nos embarga el amor y estamos en perfecto equilibrio, y no porque seamos tontos, inconscientes o pusilánimes. Por el contrario, somos muy conscientes de todo, pensamos, valoramos y frenamos nuestras reacciones impulsivas que consideramos innecesarias e inadecuadas con arreglo a nuestra manera de sentir, independientemente de lo que piensen los demás. Continuemos con nuestro trabajo personal, sacando y aireando nuestro dolor, para poder luego, una vez aceptado, perdonado y amado, integrarlo en nosotros. Este dolor puede estar representado por alguno de nuestros personajes internos que escondemos porque nos producen vergüenza propia o ajena, es decir, no son "políticamente correctos".

Puede ser por ejemplo nuestra niña/niño salvaje, que indomable y rebelde, cubierto de harapos y greñas, se niega a aceptar todas las imposiciones de la buena educación y de todo tipo de obligaciones. Aceptemos su presencia, permitamos que salga a jugar y a desahogarse de vez en cuando fuera de la cueva en la que lo hemos recluido. Démosle la oportunidad de hacer valer su libertad e independencia. Lo haremos en el entorno y de la forma que elijamos para sentirnos seguros. Encontraremos alguna y podremos permitirnos y permitirle expresarse, disfrutar, ser feliz, tener su espacio, contemplándolo con amor y ofreciéndole nuestro cariño y reconocimiento. Así lo integramos en nosotros, completándonos y recuperando el equilibrio.

De igual forma podemos revisar cuáles otros de nuestros aspectos o personajes interiores estamos cercenando, para darles la oportunidad de ser, de mostrarse a la luz, acogiéndolos tal como son y, curiosamente, se "amansarán" y perderán su actitud y aspecto temibles. Se convertirán en una parte más de nosotros mismos, reconocida y unificada armoniosamente en el conjunto. El secreto está en la aceptación con amor.

La sombra —esos aspectos de nuestra personalidad que no nos gustan— forma parte de nuestro recorrido... porque eso también soy yo, tú y el otro. Es consustancial al ser humano y solo espera nuestro reconocimiento para entrar en equilibrio, como una pieza más de nuestra compleja diversidad.

Perseverancia

Cualquier cosa que nos propongamos la podemos lograr con Perseverancia. Tan solo ha de reunir unas premisas básicas como son la ilusión, que nos impulsa y será nuestro motor; que sea una elección propia, y que nos desprendamos del resultado, tanto de su calidad como del plazo de su consecución. Es decir, hacer lo que queremos, con alegría y sin tiempo limitado de ejecución. Todo ello disipará nuestros miedos iniciales y nos permitirá disfrutar del proceso, que, a fin de cuentas, es lo que interesa.

Algunos llaman a la Perseverancia tozudez y otros disciplina. Yo entiendo que es una mezcla de ambas en su justa medida, y no se me ocurre mejor manera de explicarla que con varios ejemplos de asuntos de diversa índole, todos igual de importantes independientemente de su tamaño o trascendencia. Por ejemplo, cuando me dispuse a escribir este libro. No fui capaz de sacarlo adelante en los primeros intentos porque me fijaba más en la perfección del resultado, en que fuera algo útil y que mereciera la pena. Mi atención estaba puesta en la forma y no en el fondo, en los esfuerzos y horas de trabajo que tenía por delante, en lugar de sentir lo gozoso del camino. No tenía más presiones que las autoimpuestas, pero aún así el grado de exigencia era muy alto. Así no hay manera de hacer nada bien y que transmita fuerza y alegría, porque no la tiene.

Así que lo pospuse. Volví a reiniciar el trabajo varias veces, pero siempre había alguna sombra propia o ajena que impedía fluyese. Ahora veo que fueron autoboicoteos ante el temor al ridículo, la incomprensión o, peor aún, la indiferencia. PERSEVERÉ en lugar de desmoralizarme o hundirme en el mar de las devastadoras frases que con demasiada frecuencia utilizamos: ¡no lo conseguiré! ¿Quién me manda meterme en esto? ¡No soy capaz! ¿Para qué complicarse? ¡Otros lo han hecho mejor que yo! Son tremendas y he de reconocer que en algún momento estuve a punto de sucumbir.

Muchas otras veces retomé el manuscrito. Me parecía caótico el ingente material escrito y por escribir. ¿Cómo darle forma? ¿Cómo hacerlo ameno? ¿Cómo entroncar los temas? La única manera era seguir confiando: en mis recursos internos y en lo que el propio devenir del trabajo me fuera sugiriendo. Así lo hice hasta empezar a ver algo de estructura que vertebraría todo lo que deseaba incorporar. Continué la tarea, alejando de mí cualquier pensamiento negativo. Tardara lo que tardara lo conseguiría.

El Universo me iba dando señales para animarme a avanzar: personas que ya iban a buscar algún libro mío a las librerías, otras que se apuntaban a comprarlo en cuanto saliera, otras que esperaban el siguiente capítulo de algún relato de viajes que estaba subiendo a mi página web[6], o me preguntaban dónde podían conseguir las múltiples informaciones que aportaba en los cursos y talleres. Todo ello en lapsos de pocos días. Incluso llegaban a hacerse en mi agenda grandes espacios en blanco que me empujaban literalmente a dedicar todo mi tiempo a escribir.

Todo ello me llevó a practicar los principios de la **perseverancia cómoda** o la **disciplina gozosa**, como quieras llamarla:

- ∨ **Elegimos libremente la tarea**, no es impuesta.
- ∨ **La ilusión** nos anima.
- ∨ **El momento es ahora** y nuestra fecha de terminación es... cuando terminemos.
- ∨ **Desapego del resultado.**
- ∨ **Confiar** plenamente en que lo conseguiremos.

Esto contribuye a que sea un recorrido pleno de expresión creativa, donde disfrutamos en un frenesí que nos eleva, en el que construimos algo sin juzgarlo, sin finalidad, solo por el placer de crear.

---

6 www.farodeluz.es>comparto>para leer. Textos gratuitos para leer online o descargarse en formato PDF.

Cuando se trata de cualquier proceso en el que no estamos suje-
tos a una estructura de trabajo, unos horarios, un jefe o una finalidad específica exigida desde fuera, estas son unas pautas muy útiles
para no rendirnos o perdernos en mitad del mar de posibilidades.

Lo podemos utilizar tanto en pequeñas como en grandes cosas.
Creo que todas pertenecen a esta última categoría, el tamaño solo
lo define una mente que juzga y clasifica.

Otro ejemplo fue cuando decidí instalar una red de riego en mi
terraza para que no faltara el agua imprescindible a mi pequeño
huerto urbano cuando me ausentaba de casa.

Como en cualquier otra empresa que nunca hemos realizado, ni
visto hacer, de la que tan solo contamos con una limitada información, se pusieron a prueba mi paciencia, mis fuerzas, mi confianza
y mi tozudez o, mejor llamarla **perseverancia**. Es tal porque no he
dejado que cundiera el desánimo ante las múltiples incidencias que
iban surgiendo. Con calma y manteniendo a raya cualquier pensamiento desestabilizador, he ido construyendo la red.

Me daba ánimos a mí misma para perseverar y cuando llegué a
un punto en el que aparentemente superaba mi capacidad, no me
torturé por ser incapaz, sino que busqué ayuda y la obtuve. No se
solucionó de inmediato. Nuevamente hubo que perseverar, dejarlo
reposar y retomarlo unos días después. Con esa grata y solidaria
ayuda logré pasar a lo siguiente: conseguir que funcionara.

Aún tuve que pasar por ajustes múltiples, pequeñas fugas, par-
ches ineficaces y soluciones más radicales en tramos conflictivos
que me llevaron a rehacer parte de lo hecho y conseguir que finalmente funcionara.

Sí, hubo algún que otro resoplido y lapsus con una marcada sensación de impotencia pero fueron temporales. Una vocecita interior me
decía que no desesperara, que siguiera avanzando lento pero seguro.

Descansar, cambiar de actividad y contemplarlo desde otro ángulo con nuevos ojos han sido las claves para completarlo. A veces
parecía que no lo iba a lograr nunca y que toda la inversión en tiem-

po, dinero y esfuerzo se iba a ir al traste, pero la PERSEVERANCIA lo impidió y llevé a término una tarea que me llenó de satisfacción.

Todo esto me recuerda otras situaciones similares como cuando empecé a **pintar**, primero con acrílicos y después con óleo. Incluso cada vez que lo retomo paso por todo el proceso de nuevo de forma abreviada. Sin embargo, perseverar me ha llevado a terminar exponiendo mi obra al público en varias ocasiones y a verla repartida por hogares de toda España, alegrando la vista y el corazón a cientos de personas[7].

Tanto en los proyectos aparentemente pequeños como en los de mayor envergadura, vamos cultivando cualidades. Estas cualidades nos permiten trasformar inconvenientes y obstáculos en fuentes de satisfacción personal, y convertir los pequeños y grandes retos en la sal de la vida, seguros de que **siempre** podremos superarlos como hemos hecho en ocasiones anteriores.

El miedo como sentimiento

El miedo permanentemente presente, como una forma de sentir y percibir, tanto el exterior como todo lo que pensamos, está siendo cultivado expresamente para anular nuestra voluntad, sumiéndonos en la impotencia. De ello se ocupan los medios de comunicación y las conversaciones con algunas personas que solo ven destrucción y caos, y disfrutan del aparente poder de amedrentar al prójimo.

Digo aparente poder, porque tan solo lo tienen si se lo otorgamos, si hacemos dejación de nuestra facultad de pensar y decidir, de escoger qué es lo que optamos por creer y por tanto hacer real en nuestra vida.

Hay un refrán castellano que dice: "Todo es del color del cristal con que se mira". Tú eliges el color, no dejes que otros lo hagan por

7 www.farodeluz.es>comparto>exposición pinturas.

ti, tanto si son individuos como instituciones supuestamente informadas. A poco que observes con cierta distancia verás que las noticias se orquestan en todos los canales de difusión simultáneamente, con imágenes repetitivas y el énfasis de los locutores en lo terribles que son. Es el color del miedo, de lo irremediable, de lo catastrófico.

Hace años a este estilo informativo se le llamaba "prensa amarilla" y tenía un espacio y un público reducido al que iba dirigido: personas que buscaban el morbo y se dejaban atraer por lo "terrible". Las noticias serias que trataban de informar sobre lo que realmente ocurría se transmitían por la mayoría de los medios de forma más o menos equilibrada y veraz. Ahora se ha invertido la ecuación y brillan por su ausencia las buenas noticias.

Es preferible no dejarse bombardear por lo que otros quieren que creamos. Si de algo hemos de enterarnos llegará hasta nosotros la información en el momento preciso, porque no significa cerrar ojos y oídos, sino tan solo estar abiertos a captar lo que nos interesa y a ingresar en nuestra mente aquello que previamente hemos filtrado y decidido aceptar como válido en ese momento.

Por supuesto, nuestras decisiones pueden cambiar de día en día y lo que ayer nos parecía correcto hoy ya no. Somos libres de elegir. Esa es la gran diferencia entre ser objeto de manipulación o dueños de nuestro criterio.

Para quien siente que el miedo ya se ha instalado en su interior y parece que se resiste a marcharse, conviene hacerse un espacio de paz lo más amplio posible, empezando por el sueño nocturno. Para ello es mejor evitar ver películas con una gran carga emocional por la noche —esto también es válido para los informativos—, y tratar de reconciliarnos con nuestros seres queridos antes de irnos a la cama. Estos pasos, entre otros, pueden llevarnos hacia una mayor pureza de cuerpo y espíritu para lograr una vida con menos estrés, menos emociones negativas y más tranquila.

Durante el día el ayuno de noticias es muy recomendable —el mundo no se va a acabar porque no sepamos lo que pasa—.

Si nos ejercitamos en ver siempre el lado bueno de todo lo que ocurre, se irá abriendo nuestra perspectiva, porque realmente sí que ocurren cosas buenas y todo hecho encierra los dos aspectos. Enfocarnos en el positivo irá arrinconando el miedo y acrecentando nuestra confianza en que la vida está a nuestro favor y no en contra.

Todo depende de cómo tú la veas y el margen de confianza que le des para que te lo demuestre, puesto que no siempre es inmediato. Pero, si le das tiempo, la vida te demostrará que siempre ocurre lo mejor y que todo encierra una perfección de la que formamos parte, aunque desde nuestra perspectiva inicialmente no la veamos.

Si sigues confiando, observando y verificando que esto se repite una y otra vez, el miedo como sentimiento permanente terminará por desaparecer.

Quedará tan solo el miedo útil, el que actúa como avisador para que podamos evitar un peligro real e inmediato. Nuestros mecanismos de reacción, tanto biológicos como psicológicos, actuarán de forma puntual y a pleno rendimiento, volviendo después a su estado de calma. Y toda nuestra vida se verá libre de la tensión continua que generábamos ante estímulos difusos y constantes que no veíamos, ni identificábamos claramente, y que, por tanto, no podíamos confrontar. Es decir, recuperamos nuestra capacidad de acción y dejamos de lado la reacción límbica automática que nos desgastaba. En una palabra, retomamos las riendas de nuestra vida.

El perdón

El perdón es nuestro maestro en todos los casos. Por muy terribles que sean los actos del otro, forman parte de nuestro aprendizaje. Es nuestra responsabilidad responder a ellos siempre con amor para seguir avanzando en nuestro camino de evolución.

¿Cómo conseguirlo?

✓ *Aceptando al otro,* puesto que eres tú mismo, es tu reflejo y muestra lo que hay incoherente en ti. Tal vez de una forma exagerada, como los espejos distorsionados de un parque de atracciones. O incluso de forma inversa. Acepta lo que hay y darás el primer paso hacia el perdón. Contémplalo de la forma más neutral posible para averiguar qué está mostrando.

✓ *Actúa con los demás como quisieras que lo hicieran contigo.* Predicamos amor, compasión, unión, respeto y después criticamos a nuestros compañeros en cuanto se dan media vuelta. Cuando comprobamos la dificultad que entraña ser coherentes y auténticamente amorosos, admitimos que también resulta difícil para los demás, así abriremos la puerta a nuestra tolerancia y nuestro perdón. Al tiempo, animaremos al resto con nuestro ejemplo.

✓ *Perdonándonos a nosotros mismos.* Esta es una de nuestras asignaturas pendientes. Cuántas veces hemos perdonado a todo y a todos y seguimos con esa sensación de rabia y desazón. Nos olvidamos en muchos casos de perdonarnos también. En lo más profundo de nuestro ser sabemos que todo ocurre porque lo propiciamos con nuestros deseos, pensamientos, hechos o palabras y, en última instancia, somos los auténticos responsables de lo que pasa en nuestra vida. Por este motivo es tan importante que extendamos el perdón a nosotros mismos. Así lograremos la ansiada Paz que buscamos.

✓ *Perdonando a la vida y al mundo.* Hagamos las paces. A veces declaramos la guerra a todo lo que nos rodea, todo nos parece mal, todo se nos pone en contra. En realidad nos dedicamos a "echar balones fuera" y no mirar hacia adentro, hacia nuestra responsabilidad y posicionamiento ante cada hecho, ante cada idea. La primera es una postura aparentemente cómoda, la de la indefensa víctima, pero devastadora internamente. Nos bloquea e inutiliza como los seres humanos completos y con capacidad de decisión y de acción que somos. No son los demás los que han de hacer y resolver: el gobierno, la empresa, el vecino, el cónyuge,

Somos nosotros los que hemos de emprender
el cambio que queremos se opere fuera.

Emplea tus energías en construir lo que quieres ver hecho realidad, en lugar de quejarte. Tu granito de arena es fundamental para lograr la montaña.

Técnicas de perdón

Todas tienen una clave común: Cambiar nuestro enfoque, y con ello transformar nuestros sentimientos y nuestra actitud interna con respecto a lo de fuera. Estas técnicas nos aportan comprensión al contemplar un panorama mayor en el que no solo estamos nosotros y nuestro pequeño mundo, sino también los demás y su pequeño mundo. Incluso puede que nos permitan darnos cuenta de que todos formamos parte de lo mismo, y los hechos y circunstancias tienen un significado mucho más amplio de lo que imaginábamos.

Algunas de estas técnicas son:

- *El Diálogo Figurado*[8], en el que ponemos por escrito una conversación imaginaria con nuestro "ofensor" en tres fases:
  1. Porque **él/ella**: en la que expreso todo lo que siento y pienso con todo mi dolor;
  2. Porque **tú**: en la que se lo digo directamente, sin herir, con respeto; y me pongo después en su piel para contestar de la misma forma;

---

8 Uno de los que aplica este diálogo es el Método 3-2-1 de Diane Hamilton.

3. Porque **yo**: en la que ponemos sus actitudes en primera persona, reconociendo y sintiendo la parte que nos toca.

Al releerlo podremos detectar un rasgo propio no aceptado que permanecía inconsciente y que la otra persona nos ha mostrado en un grado exagerado o de forma opuesta para hacérnoslo consciente. Reconocerlo será el primer paso para sanarlo y perdonarlo, no solo al otro, sino también a nosotros mismos.

- *El Corte de Lazos*[9] es una técnica de visualización en la que cada cual recupera la energía que ha entregado al otro, previo reconocimiento de lo compartido y aprendido, agradeciéndolo antes de finalizar.

- *El Ho'oponopono*, de origen hawaiano, se basa en reconocer la responsabilidad total de lo que ocurre, como guionistas, actores y directores de nuestra vida. Utiliza cuatro pasos para sanar una situación: lo siento - perdóname/me perdono - te amo/me amo - gracias. Hay mucha bibliografía sobre ello e información en internet.

Que tu mente sea tu aliada

En lugar de nuestra enemiga, convirtámosla en nuestra aliada. La mente nos ayudará a encontrar los beneficios del perdón dejando atrás el sufrimiento, olvidándonos definitivamente de hechos que nos duelen, limitan y consumen, liberándonos en suma.

Además de con argumentos, podemos cerrar puertas al pasado y abrirlas al futuro ***usando la imaginación*** para valorar nuestras posibilidades, creando escenarios donde nos gustaría estar, con los personajes que nos apetezcan y desarrollando la trama que más paz y

---

9 *Rompiendo Lazos* de Olga Menéndez te aporta más información sobre ello. Puedes encontrarlo en internet.

armonía nos aporte. Al tiempo que lo recreamos energéticamente y facilitamos su llegada, calmamos a la obsesiva mente, acostumbrada a darle vueltas a lo mismo, ingrato y podrido. Sustituimos intencionadamente lo que nos hace sufrir por lo que queremos experimentar.

Si repetimos muchas veces nuestra recreación y lo hacemos con plena conciencia, saboreándola hasta en los más mínimos detalles, en especial en las sensaciones gratificantes que nos procura, estaremos ya funcionando desde el corazón; al tiempo que hacemos partícipe a nuestro cuerpo de ese bienestar, a todas y cada una de nuestras células. Este es el perdón auténtico, el que procura un estado de vibración diferente, en el que lo pasado ya no nos afecta y nos hemos creado otro lugar desde el que desarrollar nuestra vida.

Así, de forma conjunta, mente, cuerpo y corazón logran sacarnos del ostracismo y la tristeza que nos bloqueaban y nos transportan a la plenitud y la belleza del presente, único lugar donde podemos experimentar una vida auténtica.

Aquí os dejo esta mágica historia sobre el perdón, fruto de la imaginación o, tal vez, del recuerdo, que visualicé estando en meditación.

———

El troglodita escocés

El joven es iniciado en la caza, lo que violenta su naturaleza pacífica y le hace ensañarse, por temor y desahogo, con las grandes piezas, inducido por su instructor, hombre fuerte, violento y muy agresivo.

Pasado un tiempo, el joven está en su choza, postrado por alguna enfermedad que le impide moverse. Contempla impotente desde el lecho, como ese hombre degüella a su esposa y, regodeándose, le clava su espada en el vientre, mientras su hijo huye gateando.

Después, el agresor se dirige a él con sorna y crueldad, saboreando el sufrimiento que le ha provocado y el que le provoca anuncián-

dole su muerte. Eleva lentamente la espada sobre su cabeza y la deja caer con toda su fuerza, partiéndole el cráneo.

El espíritu del joven sale del cuerpo en forma de una densa energía verde que se queda pegada en el techo de la choza, y que, una vez completa, se cierne sobre el asesino ahogándole, creándole una angustia infinita, dejándole hecho un ovillo carbonizado.

Al expirar, este ser se transforma en energía blanca que sube a través del techo sin dificultad.

Después la energía verde sale casi rastreramente por la puerta y, al elevarse, entra en una densidad negra de la que surgen figuras rojas que le recriminan su acción, le gritan y zahieren. Se tapa los oídos para no oírles, pero finalmente reconoce que la venganza nunca está justificada y que, conociendo su propio poder, debió saber perdonar.

Una vez purgado su delito, sube ya transformado en energía blanca a un lugar más luminoso, de suelo algodonoso, donde le espera el alma de su esposa que, sonriente, le ofrece pasar por un umbral. Al otro lado encuentra un laberíntico e intrincado pasadizo de bellas paredes rocosas, como de hielo iluminado por dentro, que va girando a izquierda y derecha, subiendo con poca inclinación sin vislumbrar nada más que las paredes contiguas.

Acaba en un lugar sin luz, pero tranquilo, como un firmamento en el que le llegaran las estrellas a gran velocidad, transformadas en figuras geométricas alargadas y de colores sin brillo, formando rayas y cuadrados.

Sin poder determinar el tiempo transcurrido, se ve en el siguiente paso. Ahora es un ser transparente, tanto su cuerpo, como su atuendo, una túnica blanca, sin mangas, ceñida por un cinturón de piedras refulgentes de colores. Está en un palacio de cristal, grande y luminoso.

Se acerca a un atril donde hay un libro abierto con caracteres que no distingue porque están borrosos, como si viera a través de agua. Pone su mano sobre la página para aquietarlo y entonces el color y la densidad entran por su mano, suben por el brazo y llegan a todo el cuerpo, dándole consistencia.

Se dirige al trono que ha descubierto en la sala porque, aunque se resiste, intuye que es su sitio. Se abren las inmensas puertas acordes al espacioso lugar tamaño catedral, construido de cristal, que emite una acogedora luz blanca. Entra mucha gente, todos con túnicas blancas, ordenadamente, en silencio.

Forman un pasillo desde las puertas del fondo, por donde entra un pequeño séquito en el que destaca el hombre que le agredió en su vida anterior, con túnica corta, cabizbajo y arrepentido; se somete a la voluntad de su señor, que es el joven.

Al llegar a él se arrodilla y baja aún más la cabeza. El joven le perdona de corazón colocando su mano sobre ella. Alivio general. El alma de la esposa, que aguardaba fuera, se desvanece. Acto seguido, también lo hace el joven, dejando su túnica sobre el trono.

El ciclo kármico[10] *ha concluido y los lazos se han liberado con el perdón.*

---

10 Entiendo como ciclo kármico el devenir de Causa y Efecto, más que como culpa y castigo.

Capítulo 3

Cuidados del espíritu

Tiempos revueltos

Estamos inmersos en un mar de energía que a veces nos hace sentirnos zarandeados, aturdidos y enfermos, y otras veces propulsados hacia adelante, plenos de lucidez y energía. Ello depende de lo estables que nos sintamos o estemos. De hecho, uno u otro resultado es un indicativo de nuestro grado de equilibrio.

El conocer alguna herramienta para conectarnos con esta Energía que forma parte de todo y que parece provenir del Cosmos —como un chorro de agua dentro de un jacuzzi—, nos proporciona más seguridad y capacidad para navegar en este mar en constante marejada. Una herramienta como Reiki, los Códigos Solares, o cualquier otra de conexión energética, nos permite tomar nuestro poder y dirigir el timón de nuestro barco familiarizándonos con las sensaciones, manifestaciones y resultados de tan potente presencia.

Estas herramientas nos facilitan tratar la Energía con la naturalidad que la caracteriza, pues forma parte de nuestra vida y de nuestro entorno desde siempre, hayamos sido conscientes o no. Por ejemplo: cuando, sin pensarlo, ponemos la mano sobre la zona que nos hemos golpeado, nosotros o nuestros hijos.

En los últimos tiempos parece que el chorro de energía ha aumentado su caudal y que se han abierto corrientes nuevas en todas direcciones. Tomar estas olas de Energía como fuente de placer y ventura, así como aceptar su colaboración en la limpieza y liberación de viejos bloqueos, hace que entremos en una dinámica fluida. Esto nos ayudará a aceptar cambios y a eliminar viejas estructuras, tanto en nuestro ámbito personal, como en nuestro entorno más y menos cercano.

La confianza en que todo es para mejor **es la clave** para transitar por este tiempo de aparente inestabilidad. Digo aparente, porque solo se resquebraja y derrumba lo que no tiene validez, todo aquello con pies de barro que a duras penas se había mantenido hasta ahora, a pesar de la mentira y falsedad que lo habitaban. En ello se incluyen las relaciones, las instituciones, las religiones, las profesiones, los sistemas educativos, las creencias de todo tipo, y un largo etcétera que afecta a todos los aspectos de nuestra vida. No significa que nada valga y que cualquier otra cosa es mejor. Significa que en esta sagrada evolución se va a desprender de nosotros todo aquello que ya no es beneficioso, tanto en el ámbito privado como en el público.

Es como cuando hacemos una reforma en casa. Todo se retira. Tiramos objetos inútiles, se derrumban techos y paredes, incluso cambia la distribución interior de los espacios. Para después colocar solo aquello que queremos conservar en nuestra nueva etapa.

Nuestra mochila de viaje se está aligerando para permitirnos llegar mucho más lejos, de una forma sencilla, con las menos dependencias posibles, tanto físicas y materiales, como emocionales y mentales.

Desprendernos con alegría y agradecimiento de todo lo que nos estorba es la mejor manera de avanzar. Si ofrecemos resistencia y nos pueden más el apego y el miedo, obtendremos dolor y sufrimiento innecesarios.

Ver el camino transitado por otros que van siguiendo esta pauta de desprendimiento de los apegos, puede darnos ánimo y referencia de qué es lo que nos espera: ligereza, firmeza, seguridad, alegría, sosiego y abundancia.

Sí, abundancia, de todo aquello que no se puede pagar con dinero y que es la esencia misma de la felicidad. Abundancia de lo que andamos buscando con arduo trabajo: tiempo, salud, ganas de vivir y de disfrutar. En definitiva, un estado permanente de bienestar en el que todo lo que hagamos sea por el gusto de hacerlo, al ser nuestra elección, pudiendo cambiarlo si no nos satisface. Eligiendo siempre desde el respeto a nosotros mismos y a todos los demás, incluidos seres animados e inanimados. En sintonía con todo y con todos, sintiéndolos como a nosotros mismos. Actuando en consonancia y con coherencia, creando y amando. Para alcanzar ese nuevo estado algunas veces tendremos que desmontar nuestra manera de pensar y de actuar, para volver a edificarlas de manera diferente, más rica y completa.

En algunos ámbitos a todo esto se le llama toma de conciencia y actuar conscientemente, es decir, dándonos cuenta de lo que es realmente importante, la base misma de lo que nos hace seres auténticos y reales, sin la ficción de los estereotipos sociales, políticos o económicos. Percatándonos de la verdad, nuestra verdad, y desmontando las mentiras —hábilmente tejidas alrededor nuestro y aceptadas en nuestro interior—, sobre todo lo que nos afecta: familia, trabajo, relaciones, sociedad, política, economía. Es decir, rehacer nuestra verdadera escala de valores, procurando que nuestras acciones sean su reflejo, sin autoengaños.

Camino de evolución

En el proceso evolutivo vamos avanzando, casi sin darnos cuenta, con las experiencias que vamos teniendo cada día, internas y externas. En realidad todas son internas puesto que el mundo exterior es una proyección realizada desde nuestro interior.

Si ponemos atención y queremos comprender más sobre este camino evolutivo, incluso poniendo también nuestra intención, podemos observarlo como si de una escalera se tratara. Todos la recorreremos desde el primer peldaño hasta el último. En unos escalones nos demoramos más que en otros y muchas veces tenderemos la mano para facilitar la escalada al compañero. Pero solo él tiene el impulso suficiente para hacerlo, nunca depende de nosotros que lo haga y no lo podemos forzar.

Como tal escalera tiene muchos peldaños por encima del que estamos, al igual que por debajo. Es una escalera infinita en ambos sentidos. Incluso empiezo a vislumbrarla unida en sus extremos, como un sinfín. En definitiva, casi como una rueda.

Tanto si la imaginamos como una escalera vertical que vamos recorriendo todos y cada uno de nosotros, como si estamos en una rueda, cada escalón es igual de importante y "elevado" que los demás. Se trata de tramos de experiencia, de recuerdo de nuestra esencia más profunda, que se irá integrando en nosotros en la medida en que seamos capaces de hacerlo en cada punto.

Por ello, nadie es mejor o peor por estar en uno u otro peldaño. Tal vez tengas mejor vista que en el anterior, pero eso no te convierte en un ser superior, ni a los otros en inferiores. Esto conviene recordarlo cuando nos dejemos arrastrar por los juicios sobre los demás. Cada cual hace lo que cree mejor o está dentro de sus capacidades del momento, pero estas pueden cambiar en un instante y "adelantar" varios escalones de un salto.

Recordar que hemos pasado por los mismos sitios, tal vez no hace tanto tiempo, nos dará la humildad y la tolerancia necesarias para comprender que todos somos lo mismo: *pequeñas chispas divinas en nuestro camino de evolución*.

¿Se puede retroceder?

En ocasiones he recibido alguna pregunta de alumnos o pacientes sobre la sensación de estar retrocediendo en su Camino de Evolución. Es como si los hechos nos indicaran que anduviéramos hacia atrás o no hubiéramos avanzado en absoluto.

Generalmente lo que ocurre es que están volviendo a experimentar situaciones similares a otras pasadas y que suponían superadas.

En estos casos suelo explicar el "Efecto Espiral". En realidad nuestro avance no es en una línea más o menos recta o sinuosa, sino más bien en forma de espiral. Es una espiral ascendente en la que vamos incrementando de nivel evolutivo en cada vuelta.

Sin embargo, volvemos a pasar por los mismos sitios en cada una, pero a una altura diferente, con un ángulo de visión mayor y, por tanto, con más perspectiva, además de contar con el bagaje de nuestra experiencia.

Todo ello nos permite identificar antes lo que está pasando y resolverlo en menos tiempo del que necesitamos la vez anterior. No es que no hayamos aprendido nada y tengamos que "repetir curso", en temas que creíamos definitivamente resueltos. Lo que ocurre es que aún nos quedan aspectos en los que profundizar, para los que no estábamos preparados antes. Ahora lo estamos y los afrontamos. Si no podemos hacerlo en su totalidad, lo haremos en la siguiente vuelta. Pero siempre avanzamos un poco más con nuestro lento, pero seguro, aprendizaje de cada experiencia.

Gestión de las emociones

Una de las tareas más arduas en nuestro Camino de Evolución es la Gestión de las Emociones. Esos caballos desbocados que a veces resulta tan difícil cabalgar. No digo controlar, porque la idea es guiarlos, sin anularlos, rehuirlos o encarcelarlos.

Todas las emociones son neutras. Lo que nos hace calificar las emociones de buenas o malas son nuestros pensamientos, la necesidad que tenemos de ponerle etiquetas a todo. **Son una carga de energía que nos permite avanzar cuando no lo haríamos de otra manera.**

Vivámoslas, sintámoslas, sin vergüenza. Son naturales y beneficiosas. Aprendamos a reconducirlas, lo primero reconociendo su existencia y luego reduciendo su voltaje, si es necesario, para hacerlas más manejables según nuestra capacidad del momento. En ocasiones basta con dejar pasar un poco de tiempo, la famosa cuenta hasta 100, para que se enfríen y reposen.

Después habremos de atender a lo que las generó, ya desde la calma y no desde la reacción límbica-automática. Como un observador externo contemplemos qué ha provocado la emoción, cuál ha sido el detonante que ha causado esa reacción. Con ello nos haremos cada vez más conscientes de qué es lo que provoca nuestra emoción y evitaremos que se acumule más de lo mismo en nuestro interior, sin control alguno. Esto produce bloqueos de energía que queda atascada en alguna parte del cuerpo. Ocupan su espacio, tienen su forma, y reclaman atención de vez en cuando, de manera no muy agradable.

Si están sin resolver, todo lo que resuena en la misma sintonía se va acumulando en esos puntos a lo largo de los años. Pueden llegar incluso a hacerse notar manifestando una enfermedad.

Eliminar el bloqueo puede requerir la ayuda de un terapeuta o un trabajo sistemático por nuestra parte aplicando alguna técnica adecuada. Pero una vez resuelto, ya no habrá un imán atrayendo hacia el interior de nuestro cuerpo la energía generada por emociones no resueltas. Tan solo habremos de ocuparnos de no acumular más, prestando atención a que se disuelvan y liberen en la medida en que se vayan produciendo.

El miedo y la ira

Las emociones son muy valiosas y nos reportan multitud de beneficios, incluidas las que peor fama tienen, como la ira y el miedo.

Tienen su función en nuestro cuerpo y en nuestra psique. Nos impulsan hacia donde de otra manera no iríamos y que, por lo general, suele ser lo más apropiado para nosotros en ese momento.

√ EL MIEDO, por ejemplo, nos pone en guardia y previene, poniendo en marcha todo nuestro organismo y nuestras facultades mentales, para afrontar un peligro. Puede ser mediante la huida o el ataque. Bien es cierto que era algo muy útil cuando nuestra forma de vida era más peligrosa con un entorno hostil en el que podíamos sucumbir ante el ataque de cualquier depredador. Ahora sigue siendo útil, aunque hemos de hacer una selección previa de lo que son peligros reales y no supuestos.

El famoso estrés es precisamente esto, una reacción automática repetitiva ante lo que se consideran múltiples amenazas. Si la amenaza es puntual y tenemos tiempo de volver al estado normal después, no hay problema. Las dificultades surgen cuando estamos en un estado de permanente alerta, aun cuando los peligros sean imaginarios, como suele ocurrir al vivir en una ciudad, expuestos a múltiples activadores de nuestro sistema de defensa.

Nuestro organismo no distingue si el riesgo es real o no, solo responde a imágenes de la mente que disparan la reacción de miedo y, con ella, toda la artillería pesada, manteniéndonos en un estado permanente de alerta máxima.

Mantener la calma lo más posible, identificar conscientemente lo que realmente es peligroso y buscar esos espacios de recuperación, es fundamental para hacernos dueños de nuestro sistema límbico, el responsable de las reacciones automáticas. Con ello, nos convertiremos en los señores de nuestras reacciones y no a la inversa.

Cómo hacerlo pasa por las prácticas ya recomendadas de Relajación, Meditación, Reiki u otras técnicas energéticas, Tai Chi, Yoga, o cualesquiera otras que nos reporten esos estados de paz y consciencia que nos empoderan nuevamente, desde nuestro centro, con la perspectiva suficiente para gestionar nuestro miedo automático.

∨ LA IRA, es una emoción que nos reporta una poderosa energía suplementaria. Tiene mala prensa, por la facilidad con la que nos dejamos arrastrar por ella. Si conseguimos ponerla a nuestro servicio, obtendremos una valiosa aliada, utilizándola como motor de arranque y como impulso para iniciar algo que llevamos tiempo posponiendo.

Lo primero es reconducirla en algo que nos descargue sin perjuicio para nadie. Puede ser un enérgico paseo, unos puñetazos en un almohadón, unos cuantos gritos en el coche al atravesar un túnel, etc. Busca tu manera más fácil, cómoda y no dañina de descargar la ira.

Esta descarga será aún mejor si es constructiva; como en la siguiente historia:

En una ocasión tuve una discusión telefónica con mi hijo que estaba desplazado con una beca a varios miles de kilómetros. No recuerdo cuál fue el motivo de la discusión, pero al colgar estaba llena de ira y frustración, que suele ser una de sus derivaciones. Estaba en casa y tenía que descargar tanta fuerza en algo, mejor que en alguien y, aunque ya eran las once de la noche, opté por volcarla en un cuadro que llevaba semanas sin atreverme a empezar. Suponía un reto importante y me faltaba valor para ponerme con un tema difícil de resolver. Aunque era simple y sutil en apariencia, quería que tuviera impacto y seducción.

*La ira me dio fuerzas para empezarlo, con abundante canti-
dad de pintura y enojo. Comenzó oscuro y potente, y, a medida
que avanzaba por el lienzo, iba soltando todo ese sobrante de
energía, transformado ahora en fuerza creativa, que se iba dul-
cificando. Quedó completamente empastado y con lo más importante realizado, tras varias horas de trabajo. Cuando termi-
né estaba relajada y feliz. El cuadro se titula "Mar de Nubes"[11]
y es como un mar embravecido sobre el que ha sobrevenido la
calma y brilla una esperanzadora luz. Creo que es un claro
ejemplo de cómo reorientar la ira en algo constructivo, para lo
que necesitábamos un empujón suplementario.*

El camino espiritual

Hay quien relaciona directamente su Camino de Evolución con la
andadura por el Camino Espiritual. No es imprescindible reconocerlo así, aunque de hecho van intrínsecamente unidos.

En el Camino de Evolución la razón no se ve enfrentada porque
no tiene por qué aceptar la creencia en el mundo espiritual y sus
manifestaciones. Como hemos mencionado antes, el gestionar adecuadamente nuestras emociones, avanzar en nuestros propósitos
vitales y encontrar la paz y el equilibrio en nuestro día a día ya es
más que un sobrado recorrido en el Camino de Evolución.

Para los que, de una manera u otra, nos adentramos en una búsqueda de mayor trascendencia, porque la consideramos necesaria o
nuestras experiencias nos inducen a ella, hemos de hacerlo con las
debidas precauciones. Porque cuando, además de en nuestro interior, emprendemos una búsqueda en el exterior, podemos encontrarnos con algunos inconvenientes que superar.

---

11 Puedes verlo en mi web personal: http://mariaaurelia.jimdo.com>pintu-
ras>exposición y catálogo.

Etapas habituales

Conviene conocer cuáles son las fases más habituales en este recorrido. Pueden mostrarse de forma sucesiva o simultáneamente. Sabiendo que solo son hitos en el camino evitaremos apegarnos a ninguna de ellas manteniendo así nuestro equilibrio interno:

- ✓ *Deslumbramiento.* Se produce una especie de despertar, un descubrimiento de algo que es mucho más grande que lo que hasta ese momento creíamos que existía y somos atraídos hacia no sabemos muy bien qué.

- ✓ *Búsqueda y Descubrimiento.* Emprendemos la marcha en busca de lo trascendente, de lo superior, de lo divino. Mirando dentro y mirando fuera. Poco a poco vamos abriendo nuestra visión a horizontes cada vez más amplios.

- ✓ *Proselitismo.* Nos invade un afán de darlo a conocer a otros, en especial a nuestros seres más queridos, intentando que participen en lo que estamos experimentando.

- ✓ *Mesianismo.* Pretendemos ser portadores de la única verdad y consideramos que es nuestra misión transmitirla e inculcarla, incluso en contra del deseo del otro.

- ✓ *Falsa iluminación, Soberbia espiritual.* Creemos que nos hemos vuelto especiales y estamos por encima de los demás accediendo a espacios y conocimientos que la mayoría tiene vedados.

- ✓ *Integración, Humildad, Maestría.* Cuando realmente integramos nuestro aprendizaje y comprendemos la auténtica verdad del Universo: que Todos somos Uno, que somos parte de la Sabiduría y la Energía básica que todo lo mueve, entonces es cuando empezamos a recorrer el camino de la Maestría.

- ✓ *Sensei.* Pasamos de la comprensión a la aplicación en nuestra vida de todo lo aprendido, a ser ejemplo vivo de lo que esa Verdad, esa Sabiduría y ese Amor representan. Es cuando nos convertimos en el auténtico Maestro, en el Sensei[12]. Aunque no deja de ser, como los anteriores, un paso más en nuestro camino espiritual.

Precauciones en el camino espiritual

Para evitar descalabros, pérdidas de tiempo y confusión interna, conviene tomar algunas precauciones cuando nos decidimos a recorrer este camino en compañía de otros:

✓ *No entregar nuestra confianza de inmediato.*
Esta es una medida de precaución conveniente a la hora de adentrarnos en lugares, grupos y personas con las que pretendemos investigar, conocer y aprender más sobre la espiritualidad. Es un mundo lleno de personas valiosas y honestas, pero también está plagado de personajes autoinventados con poco bagaje personal en su propia andadura, que pretenden convertirse en referente para otros. Tal vez no sean conscientes de lo que hacen o tal vez sí, pero su irresponsabilidad puede hacer más mal que bien. Habremos de estar atentos a la hora de depositar nuestra confianza en aquellos con los que vamos a recorrer parte de nuestro camino y que influirán en nuestra manera de transitarlo.
Existen también falsos gurús[13] con larga trayectoria a sus espaldas, a los que podemos reconocer porque se muestran

---

12 Palabra japonesa utilizada para designar al que por su experiencia y forma de vida representa un ejemplo para los demás. El auténtico sabio, el auténtico maestro.

13 Palabra que proviene del sánscrito y que en el hinduismo significa maestro espiritual o jefe religioso o a quien se le reconoce autoridad intelectual.

como salvadores, autoinvestidos de una autoridad irrefutable, que arrebata la capacidad de discernimiento de sus acólitos. Sus actos difieren notablemente de sus palabras y no dan ejemplo vital, como lo haría un auténtico maestro: "Por sus hechos los conoceréis".

✓ *Observar y valorar, para ver si resuena en nosotros.*

Es la mejor manera de acertar, puesto que nuestro sentir nos indicará qué es lo más adecuado en ese momento. Es nuestro corazón el mejor consejero, independientemente de lo que nos digan otros o incluso nuestra propia mente. Es muy recomendable analizar los pros y los contras, recopilando la mayor cantidad de información que podamos de distintas fuentes, pero para la decisión final de unirnos a un grupo de trabajo, hacer un curso o taller, asistir a un encuentro o retiro, o beber de las enseñanzas de un maestro, es el corazón quien mejor nos podrá orientar, pues tiene toda la información, la evidente y la sutil. Lo mismo que es un buen indicador, en sentido contrario, la sensación de que se encoje nuestro estómago ante una de esas propuestas, lo que nos muestra de forma clara que no nos conviene.

✓ *Mantener siempre nuestro criterio personal.*

Una vez tomada la decisión, si nos incorporamos a cualquier actividad o práctica espiritual, habremos de ser fieles a nosotros mismos, a lo que nuestro propio criterio nos dicte. Observando y sopesando conscientemente lo que ocurre, lo que se nos dice, lo que aprendemos, lo que avanzamos. Nadie está en posesión de toda la verdad, y menos de la nuestra. Por ello, hemos de tener siempre la última palabra en nuestro interior, para aceptar o no lo que nos venga del exterior.

✓ *Continuar mientras sume más que reste.*

Lo que en un momento puede sernos útil y valioso, es lógico que deje de serlo a medida que evolucionamos. No estamos obligados a permanecer eternamente en una práctica o en un grupo. Es cierto que habremos de perseverar en los comienzos para tener suficiente información interna sobre algo y poder hacer una valoración de si es adecuado para nosotros o no. Después, continuar ahí durante el tiempo que realmente nos aporte, creamos conveniente formar parte de ello o simplemente nos haga sentir bien. Y dejarlo cuando ya no sea así, sintamos vacío, fastidio o cualquier otra sensación ingrata, que se repita con frecuencia. Daremos las gracias por todo lo recibido, reconociéndolo externa e internamente y diremos adiós con firmeza y sin ningún sentimiento de culpabilidad. Pues la pena y la culpa son dos argollas que nos pueden mantener prisioneros por mucho tiempo, minando nuestra capacidad de respuesta y nuestra libertad.

✓ *No cambiar un fanatismo por otro.*

El hecho de cambiar nuestra orientación espiritual desde una religión instituida, que tal vez se haya mostrado presente en nuestra vida de forma obligatoria, hacia una forma más abierta y, desde nuestro punto de vista, más profunda, no significa repetir parámetros que consideramos equivocados. Es decir, la rigidez y la imposición no proceden en esta nueva andadura. Salir de estructuras religiosas predefinidas nos permite ahondar más en nuestra autenticidad y en la de nuestras creencias, y, por tanto, actuar con el respeto y la flexibilidad necesarios para aceptar las de los demás.

Cada cual evoluciona a su ritmo y por el camino que estima oportuno. Cualquier juicio está equivocado, pues implica pasar los actos de otro por nuestros propios filtros, sin considerar las motivaciones, circunstancias y experiencias de la otra persona, porque no tenemos acceso a esa información. Por lo tanto, la comprensión y la compasión son las herramientas idóneas para dar cabida a la diversidad y la tolerancia necesarias para una sociedad armónica y realmente rica espiritualmente, libre de fanatismos de cualquier índole.

El consumo de espiritualidad

La **impaciencia** en este recorrido nos puede llevar a convertirnos en consumistas de espiritualidad, en buscadores **incesantes e insaciables**. Todas estas *"lm-ln"* tan solo lograrán aturdirnos. Por eso recomiendo mesura.

La calma es buena consejera. Sopesa y valora, como antes decíamos, cada paso que vayas a dar. Después saborea y disfruta lo que estés haciendo y luego permite que se integre en ti, que te empape y forme parte de tu vida. ¿Cómo? Dedicándole tiempo y atención, es decir, practicando lo aprendido con conciencia.

Más adelante, cuando sientas que hay algo más que incorporar en tu vida ábrete para que llegue a ti y así será, sin prisa.

El consumo obsesivo de espiritualidad se evita:

- ✓ Eligiendo con cuidado tus lecturas, cuáles y cuántas, no te aturdas con muchos libros a la vez.
- ✓ Filtrando los comentarios y sugerencias que recibas, pueden ser muy buenos para otros pero no necesariamente han de serlo para ti.
- ✓ Integrando los cursos que realices antes de realizar otros.

Así te vacunarás contra la desorientación y el desequilibrio energético, además de la sensación de vacío, propios del *Síndrome del Buscador*.

———

El caso de M., una clienta y alumna, nos puede ilustrar sobre esto.
Su búsqueda era continua. Empezó su "despertar" después de cumplir los 45, tras muchos años de ostracismo en su relación ma-

trimonial que no era capaz de terminar, a pesar de haber llegado a firmar un acuerdo de separación y soportado infidelidades. También empezó a tener problemas en el empleo de toda la vida.

Su cuerpo le iba dando avisos para que buscara el equilibrio dentro y fuera: lesión de cervicales, periodos de ansiedad y depresión, fuertes hemorragias menstruales, hipertensión arterial y manifestación reciente de hipotiroidismo, con aumento de peso.

No se sentía digna, lo arrastraba desde niña y necesitaba perentoriamente que alguien le dijera lo que tenía que hacer. Como al mismo tiempo su Ser Interno empezaba a exigir su propio espacio vagaba de un personaje carismático a otro, de una técnica o práctica a otra, en busca de la ansiada serenidad.

Por lo que sé, dio al menos con dos Maestros fiables, pero su inercia le impedía ver que había encontrado un camino adecuado para ella, por el que transitar con calma y dedicación, y seguía buscando, picoteando, sin aplicar el necesario discernimiento.

En el camino del Reiki estuvo un mínimo de tiempo que le permitió alcanzar algo de estabilidad, y liberar bloqueos emocionales en su cuerpo y en su mente. En la consulta recibió herramientas para trabajar el perdón, cuidar y apoyar a su niña interna y reconocer su valía —lo que más le costaba—.

La perdí la pista en su búsqueda incesante, pero casi dos años después nos vimos de nuevo y encontré una mujer distinta, más templada y serena. Vino a contarme que había resuelto, por fin, su relación de pareja, afrontando sin miedo su nueva situación económica, laboral y familiar, haciendo valer ante sus hijas la importancia de su propio bienestar emocional y... parece ser que había dejado de buscar.

Conclusión:

Todos llevamos dentro la respuesta a nuestras preguntas. Basta con mirar con calma y... tal vez iluminar algunos tramos de nuestro recorrido con la luz de otros que lo han transitado antes, pero sin depender nunca de ellos.

Reconozcamos nuestro poder, es inmenso. El vértigo que ello pueda producirnos se minimiza ante la magnificencia del paisaje y las posibilidades que se abren ante nosotros.

Te invito a aceptarlo y a caminar firme y seguro en compañía de otros iguales a ti. Acepta una ayuda cuando lo precises, una vez, varias veces o durante un tiempo, pero luego avanza sobre tus propias piernas, siguiendo los dictados de tu sabio corazón.

Terapeutas y trabajores de la energía

En la formación que imparto sobre Técnicas Energéticas (Reiki, Códigos Solares) hago mucho hincapié en la conveniencia de evitar el *Síndrome del Salvador*. Se trata de la tendencia a responsabilizarse de todo y de todos. Asumiendo como asunto propio tanto la atención de cualquier mal como los resultados de esa atención.

Cuando comenzamos a trabajar con herramientas tan valiosas, eficaces e inocuas, como las Técnicas Energéticas, tendemos primero a querer aplicarlas a todo el mundo, tanto si lo desea como si no. Esto va en contra del libre albedrío de las personas y, por tanto, no es válido. Solo han de aplicarse con el permiso del destinatario, aceptando **siempre** su voluntad. Tal cual nos gustaría a nosotros que se respetara la nuestra.

Luego suele darse un exceso de responsabilidad sobre lo que después experimenta la persona, tanto para "bien" como para "mal". No depende de nosotros el resultado, sino de las decisiones del Ser Interno de la persona. Lo único que hacemos es darle un refuerzo, un plus de energía para que avance en la dirección que elija, por su puesto con nuestro apoyo, cariño y compañía, poniendo de nuestra parte toda nuestra sabiduría y buen hacer. Por tanto, no podemos ni ponernos medallas si ese resultado es aparentemente positivo, ni culpabilizarnos si es aparentemente negativo. Digo aparentemente porque es a medio y largo plazo cuando se puede verificar la consolidación o no de una tendencia inicial mostrada tras el tratamiento. Además, carecemos de un horizonte lo suficientemente amplio como para conocer toda la información relacionada con la persona o situación con la que poder valorar debidamente ese resultado.

Así pues, recomiendo ejercitar la neutralidad y entregar a cada cual su propio poder. Por supuesto, alegrarnos si quienes han acudido a nosotros se sienten mejor y avanzan más ligeros y gozosos en su camino, pero no recriminarnos si su opción ha sido otra.

No se trata de echar balones fuera, sino de reconocer nuestro auténtico papel: el de meros intermediarios de la Energía, de la Luz, de la Divinidad que toma forma en cada individuo. Y a la vez es el papel de magníficos mensajeros, cuya preparación y evolución personal harán más fácil el trabajo de esa infinita Fuerza en cada ser humano, empezando por nosotros mismos.

Con ánimo de ilustrar de forma entretenida y colorida estas recomendaciones, pongo a tu disposición esta pequeña historia imaginada por mí, o tal vez recordada, durante una meditación. Con todo mi respeto a las técnicas ancestrales de sanación y salvando las distancias entre terapeutas profesionales y los tan denostados curanderos, pues todos sabemos que podemos encontrar personajes tanto valiosos como fraudulentos en ambos terrenos.

La chamana

Espera preocupada en lo alto de una loma, mirando en lontananza.

Una nube de polvo va convirtiéndose en unos jinetes, guerreros que traen en angarillas a sus compañeros muertos o heridos.

Entre ellos viene su hijo. Está herido y enfermo, agonizante. En la tienda de vapor lucha por su vida, recurriendo a todos sus re-

medios, pero finalmente muere. En el último momento los ojos de él le muestran su amor y gratitud, pero aún así, ella reniega de su "aparente" sabiduría y función en la tribu, ante lo que considera su ineptitud al no haber podido "salvar" a su hijo.

Entierra con rabia y dolor todos los útiles de sanadora, y se hunde en el bosque de montaña, negándose a sí misma, envuelta en su propia sombra. Se aísla en una cueva donde se consume sin alimentos y sin interés por vivir. Momentos antes de morir, se presenta el alma de su hijo convertida en lobo transmitiéndole, con sus ojos y actitud, el perdón y el amor que ella se niega.

Cuando expira pasa a un plano de absoluta oscuridad, donde espera que se abra una puerta. Así ocurre y pasa por ella a un haz de luz ascendente, no muy fuerte, que cambia del verde al azul y después a un blanco opalino, que aboca en un lugar de plena luz, donde no distingue nada. Le da la bienvenida su hijo, que se funde con ella en un bellísimo abrazo. Entonces comprende.

Él, estando vivo y sano se burlaba de sus conocimientos, bromeando, pero ella se dolía. Al querer demostrarle desde el ego de lo que era capaz, falló, estrepitosa y gravemente.

Es canal, no fuente. Hacedora del designio superior, y puente para sus planes. Estos son incomprensibles para su nivel, por lo que ha de aceptar lo que disponga, pues siempre es "lo mejor" para el Ser, individual y colectivo.

La soledad o desconexión

¿Cuántas veces nos hemos sentido hundidos en la soledad y el abandono, y nos hemos creído apartados e incomprendidos, sobre todo a lo largo del recorrido de nuestro camino espiritual? Cuando esto ocurre es porque nos hemos desenchufado de la línea del Ser. Entendiéndose este como nuestro Ser Superior, Maestro Interno, Guías Propios, Alma, o sus múltiples expresiones en Vidas Simultáneas. O sencillamente nos hemos desenchufado de Dios o de la percepción que de Él tengamos.

Realmente nunca estamos solos porque formamos parte de un Todo indivisible, aunque en nuestra situación actual nos hayamos individualizado y nos percibamos como una personalidad, con una historia de vida, como un personaje que navega gracias a su propio esfuerzo.

El olvidarnos de la auténtica trama en la que estamos inmersos forma parte del juego cuyas reglas hemos aceptado al encarnar. A veces se hace duro, casi insoportable, pero disponemos de *herramientas* para retomar el hilo de la función, para reconectarnos y aliviar así nuestra tensión y nuestro dolor. Las he mencionado varias veces a lo largo de este libro y no me cansaré de repetirlo, pues también me lo tengo que recordar a mí misma con cierta frecuencia:

Son la **Meditación** y las **Técnicas Energéticas** que nos zambullen en el silencio y la paz, desde donde contemplar de nuevo de forma neutral, desde nuestra esencia más profunda, cuál es la realidad de nuestro Ser. Es como volver a encontrarnos dentro del inmenso y único Haz de Luz del que formamos parte, sintiendo que somos tan inmensos y magníficos como Él, en lugar de la pequeña chispa descarriada que creíamos ser instantes antes.

Canalizaciones

La canalización o comunicación, como a mí me gusta llamarla, con energías de otros planos distintos del físico y material al que estamos acostumbrados, es un tema que me causaba mucha precaución.

Es terreno abonado para la fantasía, y también para la manipulación por parte de algún personaje falto de escrúpulos o simplemente autosugestionable, incapaz de discernir entre lo auténtico y lo inventado. Tras muchas lecturas, experiencias propias y de otros, además de unos talleres sobre el tema, dirigidos con rigor por una persona tan mental como una Maestra de Astrología, que había ejercido como profesora universitaria de Economía Aplicada, conseguí ver la naturalidad de esta habilidad.

El contacto con otros niveles de existencia es consustancial a todos, como la capacidad de sanar. Tan solo hay que entrenarlos adecuadamente, manteniendo la serenidad, aceptando las situaciones, informaciones y sensaciones extraordinarias que se dan, pero sin dejarse llevar por la fantasía, ni por el miedo.

Por ello, si es algo que nos interesa conocer o practicar, conviene aprender a dirigir el proceso y guiarlo por caminos de luz, en lugar de estar sometidos al capricho de quien quiera comunicarse en un momento dado, bien sea ente externo o nuestro propio subconsciente.

La mejor manera de saber si vamos por buen camino y que lo recibido es fiable, es que no condicione nuestra vida en ningún aspecto, nos aporte una gran paz, y nos deje con una sensación de certeza, porque sabemos que es verdad, porque resuena dentro de nosotros. Es decir, ratifica y pone de manifiesto lo que ya sabíamos, aunque de forma más patente, dándonos seguridad y tranquilidad.

En definitiva, nos hace tomar las riendas de nuestro propio poder y nos da confianza en nuestro caminar, porque nos muestra alguna señal de que no nos hemos perdido o, si ha sido así, nos ayuda a reencontrar nuestra ruta, la que dicte nuestro corazón.

Hay diversos métodos para llevar a cabo estas comunicaciones. Siempre conviene crear un espacio limpio y seguro, tanto física como energéticamente. Puedes recurrir a algún recurso que ayude a centrar tu atención como una vela, aromas, música suave y... convocar a tus Guías y Maestros o a quien creas oportuno que te inspire confianza. Solicita desde el principio la identificación de quien es tu contertulio y exige después su firma. Realiza tus preguntas concretas o pide la mejor orientación para ti en ese momento.

Recuerda: nunca estás obligado a cumplir nada de lo que recibas, tan solo son sugerencias que facilitan el propósito que has expresado en ese momento. Puedes cambiarlo cuando desees o simplemente ignorar la información recibida. Sigues siendo el dueño de tu vida y de tus decisiones en cualquier caso y nunca recibirás daño por ello. Tan solo estamos sometidos a la Ley Universal de Causa y Efecto, por lo que no existe el castigo, sino tan solo la consecuencia natural de nuestros actos.

Últimamente mi vía más directa de conexión son los Registros Akáshicos, por darle un nombre a la Fuente de Amor que siempre se ha brindado a darme su apoyo y más elevado punto de vista.

Para que sirva de ejemplo, he realizado una canalización específica para este libro, dirigida a ti lector:

En esta primavera del año 2014 la revolución interna es muy grande, así lo expresan muchas personas. También externamente se manifiesta en todo el planeta, en especial en algunos lugares vórtice como España y en concreto Madrid la ciudad en la que vivo. ¿Hay algo que me podáis sugerir al respecto?

- *La belleza infinita de vuestros corazones, cuerpos y espíritus se está desplegando. Esto implica ajustes necesarios en las estructuras moleculares y bioquímicas de vuestro organismo, así como de vuestra psique para adaptarse a la nueva trama vibratoria en la que estáis inmersos. Vuestro planeta os apoya en el proceso. Él/Ella ya ha realizado la transición y ahora es un paso ineludible para vosotros los seres humanos. En cuanto a las especies animales y vegetales ya han hecho su elección. Algunas permanecerán y otras desaparecerán en la nueva frecuencia. Siempre ha sido así y siempre lo será. Forma parte del ciclo de la Vida que se despliega y repliega tanto a nivel cósmico como subatómico.*

  Vuestra influencia es relativa en ello, tan solo como el efecto que cualquier movimiento provoca en una tela de araña. Formáis parte de una red y, por supuesto, que afectáis al conjunto de la misma, pero no de forma tan determinante como creéis. Más efecto tenéis en la creación de vuestra realidad inmediata, en vuestro mundo de cada día, que, por extensión, alcanza al conjunto. Es en vuestra versión del mundo en la que tenéis plena influencia y capacidad de manifestación. En vuestro ámbito y en vuestro Ahora es donde podéis ejercer esa divina capacidad de crear o transformar, que no de destruir. La energía se transforma, nunca se destruye, aunque en apariencia se desmonten las estructuras que se hayan conformado temporalmente. Todo es temporal y a la vez Eterno. Todo existe en el instante presente y a la vez no es más que una posibilidad dentro del mar de posibilidades. Vuestra historia general y vuestras historias personales no son más que una línea de tiempo dentro de las infinitas posibles que conforman el Haz de Luz del Eterno Presente.

¿En este momento concreto en que sentimos el mordisco de la soledad, el dolor, la tristeza y la desorientación, qué podemos hacer para encontrarnos mejor y recuperar el gozo, la alegría y la armonía?

- *Primero aceptar lo que hay. Sepáis o no sepáis qué está ocurriendo, aceptarlo. Después valorar y decidir qué es lo que deseáis en vuestra vida ahora: salud, amor, estabilidad laboral, creatividad, lucidez, magia, seguridad económica. Sea lo que sea —pueden ser varias de estas opciones o todas ellas y aún más—, ELEGIRLO y VERBALIZARLO en alta voz y con convicción. Podéis comenzar cada frase diciendo: "YO SOY... saludable, amoroso, seguro en mi trabajo y economía, lúcido..." o "YO ELIJO...". Afirma, no pidas. Dile al Universo lo que has decidido ser. No más adelante, con deseo, quisiera, o me gustaría, sino Ahora mismo.*
  No es una simple afirmación o decreto; en este momento tienes una varita mágica en las manos y lo que elijas y pongas en marcha con la Palabra se hará realidad en tu mundo.
  Así se inició la Creación. Tus libros antiguos así lo explican.

Tu momento ha llegado y esa capacidad divina en ti se ha despertado. Úsala conscientemente en lo que deseas realmente. Hasta ahora la has estado utilizando inconscientemente en lo que rechazabas y continuamente reforzabas con tu temor y tus palabras.

Recibe nuestras bendiciones, recuerda eres infinitamente amado/amada mucho más de lo que puedas imaginar. Nos maravilla la perfección de tu ser y hagas lo que hagas esto no lo puedes cambiar. Solo faltas tú por reconocer tanta magnificencia. Cierra los ojos y siente el abrazo de amor y respeto que te ofrecemos.

Gracias por escuchar, gracias por sentir, gracias por Ser.
Firmado: tus Profesores, Maestros y Amados.

Vidas pasadas o simultáneas

Muchos no creen en la existencia de otras vidas, al menos en Occidente, pero este axioma está comúnmente aceptado en Oriente y en todas las filosofías y creencias religiosas previas al racionalismo de los siglos XVII y XVIII. En nuestra forma de concebir el tiempo de forma lineal, las llamamos vidas pasadas.

Unos las hemos aceptado por vivencias directas de ellas que escapan a las explicaciones de la lógica, otros por simple intuición interna y otros porque es más racional creer en ellas que no hacerlo. Sobre todo si aceptamos como cierto que somos bastante más que un cuerpo físico, que estamos compuestos de espíritu o alma y que esta no se destruye cuando el cuerpo más material deja de funcionar. Esto se refuerza aún más cuando vamos aceptando la multidimensionalidad de nuestro ser y la cohabitación de varias realidades o líneas de tiempo; como van demostrando cada vez con mayor contundencia los científicos, herederos directos del racionalismo[14]. Se trata de otros campos de experiencia vital en los que, más que hacia atrás en el pasado o hacia adelante en el futuro, se sitúan todos en el momento presente, es decir, son simultáneos. De ahí nuestra capacidad para influir en ellos como hemos comprobado cuando trabajamos con algunas técnicas energéticas.

Para comprenderlo mejor suelo poner el ejemplo del edificio de viviendas en cuyas plantas se desarrollan las vidas de distintas personas, con edades, circunstancias y apariencias diferentes. La mayoría sin conocerse entre sí, sobre todo si es un gran edificio, pero todos están "viviendo" sobre el mismo punto del suelo, sobre el solar, que es común para todos: el momento presente, el Ahora.

En esta creencia o teoría demostrada, se basan las regresiones. Es decir, la posibilidad de contemplar y vivenciar parte de estas vidas. Se pueden inducir por distintos métodos. Incluso dentro de la psiquiatría tenemos exponentes claros sobre estos trabajos, como los realizados por el Dr. Brian Weiss, expuestos en varias de sus obras[15].

También pueden producirse de forma espontánea, como la que a continuación transcribo.

Estaba dudando si aceptar la propuesta de realizar un viaje a Perú. Me encontraba convaleciente de una bronconeumonía y mi estado físico no era el idóneo, teniendo en cuenta las alturas a las que iba a estar expuesta durante gran parte del recorrido. Decidí hacer una meditación y tratar de sentirme allí, para según lo que percibiera decidirme a sacar los billetes de avión o no.

Sin pretenderlo, la proyección se produjo a "*otra época*" distinta de la actual. He aquí la historia:

---

14 Véanse los estudios del doctor en Física Jean-Pierre Garnier y su Teoría del Desdoblamiento del Tiempo, explicada en sus libros "*El Doble ¿Cómo funciona?*" y "*Cambia tu futuro por las aperturas temporales*", entre otros.

15 *Muchas Vidas, Muchos Maestros; Lazos de Amor; Los Mensajes de los Sabios*, entre otros.

La sacerdotisa inca

En Machu Pichu (Perú), camina por la calle, se está acercando a un centinela, le mira a los ojos. Él se endereza sin rigidez y la contempla con respeto antes de bajar la cabeza.

La acompaña alguien, un criado tal vez, que lleva algo de peso.

Esa misma tarde, se encuentra en lo alto de una escalinata, frente a un altar que se abre al abismo de las montañas, donde crepita un fuego sagrado. Lleva una túnica blanca, con cinturón y pechera de piedras. El pelo negro, largo, trenzado en parte, cae por su espalda. Lleva un elegante adorno en la cabeza y eleva los brazos ante el altar para invocar a la deidad.

La gente aguarda y, al volverse ella, comienzan a subir las ofrendas. Son frutas, de las que la mitad serán para el sacrificio y la otra mitad para la sacerdotisa.

Se trata de una ceremonia de la fertilidad y la prosperidad, en parte de gratitud y en parte de súplica. Esta tarde y esa noche se consagrarán a la procreación y al amor.

La sacerdotisa se quedará sola. La acompaña una muchacha a sus habitaciones, donde la espera un perfumado baño. En cuanto le desciñe sus vestidos, la deja ir con su amante.

En el agua, en el lecho y en el borde del acantilado, la envuelven y penetran las fuerzas del Agua, la Tierra y el Aire, que mezcladas con las que ya entraron del Fuego la conmueven y llevan al éxtasis.

Sus cantos de gozo se oyen en la ciudad y confirman a todos la buena disposición de la naturaleza para la fertilidad de hombres y mujeres, de sus campos, y también... de sus corazones.

———

Empecé a comprender que se trataba de otra vida cuando me extrañó el atuendo del guardia o centinela, entonces miré hacia mis pies y los vi calzados con sandalias; contemplé mis ropas y se trataba de una túnica cubierta por un manto. La sensación era de presencia real y que los hechos transcurrían en ese momento. Siguió así durante el resto de la regresión.

No me había dormido durante la meditación, por lo que no fue un sueño, y cuando terminó la experiencia y volví a notar mi cuerpo sentado en mitad de la sala, todavía mi mente racional trataba de encontrar otra explicación, pero no la había.

Por supuesto, decidí acudir al viaje y evité documentarme sobre la zona para verificar mis impresiones directamente sobre el terreno, sin sugestionarme por lecturas.

Efectivamente, allí estaba la explanada, el altar, las habitaciones y las terrazas que daban al acantilado. Recordaba haber visto desde estas últimas un chorro de agua que caía desde lo alto de la pared cubierta de vegetación del otro lado. Como no lo encontraba mi mente empezó a hacerme dudar, pero casi me quedé sin respiración cuando mis ojos se fijaron en el tubo de canalización que recorría de arriba abajo la ladera vertical. Ahora ese chorro se aprovechaba para obtener energía eléctrica.

Todo estaba allí, como en la regresión. Lo que esta no me había mostrado era la información, bastante menos idílica, que las piedras del muro del otro lado de la explanada me transmitieron al tocarlas. Pero cumplió con su objetivo y ahora estaba recorriendo Perú, de nuevo.

Los seres sutiles

Me gustaría terminar este capítulo con una breve mención a aquellos seres que forman parte de nuestra vida aunque no sean visibles a nuestros ojos físicos. Me estoy refiriendo a los Seres de la Naturaleza, los Seres Angélicos y otros Seres de Luz. Aun cuando su presencia se ha hecho patente en nuestras expresiones artísticas: literatura, pintura, escultura, etc., y en nuestras religiones y mitologías, siguen siendo excluidos de la mayoría de los textos autodenominados "serios".

Este es un texto serio, pero no triste, basado formalmente en experiencias repetidas y contrastadas una y otra vez a la manera empírica de los laboratorios de investigación. No pretendo convencer a nadie. Bastante trabajo me ha costado convencerme yo misma a lo largo de decenas de años a pesar de las continuas evidencias.

A fuerza de repeticiones he terminado por aceptar lo que mi mente "racional" negaba basándose en una creencia fraguada tan solo en los últimos 300 años y que ignoraba los paradigmas sostenidos en los miles de años anteriores, a saber: la existencia de seres con cuerpos tan sutiles que resultan difíciles de apreciar con los sentidos comunes, pero que son captados por millones de personas con percepción extrasensible y que se hacen presentes en nuestra vida de múltiples maneras.

El mencionarlos aquí tiene una doble intención, por una parte expresarles mi reconocimiento y gratitud por la innegable ayuda que nos aportan en cada instante de nuestra vida, y, por otra, ir haciendo conscientes al mayor número posible de personas de su existencia, porque en un periodo relativamente corto todos accederemos a la capacidad de percibirlos.

Cada vez se harán más patentes y si seguimos obcecándonos en negar su existencia podemos pasar fácilmente a negarnos también el pleno juicio de nuestras facultades mentales.

No se trata de cosas de locos o de brujas, sino de realidades paralelas a las que estamos accediendo gracias a la ampliación de nuestra conciencia. Es como si nuestra antena parabólica personal fuera capaz de captar más canales. Siempre han estado ahí, pero ahora podemos disfrutarlos. Y digo bien: disfrutarlos, no sufrirlos ni temerlos. Aunque cada cual proyectará lo que elija de su filmoteca interna.

Para mi tranquilidad elegí que estas percepciones fueran bastante neutras, como figuras trazadas a tiza. Así evitaba impresionarme demasiado y siempre marqué los límites: solo las captaría cuando estuviera en disposición para ello, por ejemplo, cuando pasara consulta, en meditación, dando un curso o guiando un encuentro, o dando un paseo por la naturaleza, o simplemente buscando su presencia. Una de mis frases era que no quería encontrarme "enanitos por el pasillo". Me admiraba incluso cuando alumnos o pacientes me describían sus visiones en *technicolor* y *cinemascope*".

Lo relato como muestra de que pueden estar muy presentes en nuestro día a día sin interferir en lo más mínimo, sin convertirlo en una película de Harry Potter, sin sacarnos de nuestro centro y equilibrio, ni para aturdirnos ni para eludir nuestras responsabilidades cotidianas. Como todo lo que aquí detallo, se trata de utilizar nuestras herramientas y ayudas con el mayor sentido común, de forma razonable y mesurada, con el fin de seguir ejerciendo nuestro poder interno sin delegarlo en nada ni en nadie. Simplemente abiertos a Todo Lo Que Es.

Sobre estos temas hay amplísima bibliografía, si quieres profundizar sugiero que te guíes por la intuición que te llevará a los textos más adecuados para ti en este momento.

Una última mención para los Orbes, grandes desconocidos para la mayoría. Se trata de esferas de luz que cada vez se hacen más visibles en nuestras fotografías, sobre todo si se han hecho con flash. Algunas personas llegan a verlos a simple vista, pero, de momento, no es lo habitual. Considero que son vehículos utilizados por estos Seres Sutiles que se hacen presentes en momentos de alta vibración, especialmente donde reina la alegría, como fiestas, trabajos energéticos, meditaciones, y junto a seres puros como los niños y los animales domésticos. Puedes ahondar en este tema a través de diversos libros, entre ellos el de Diana Cooper y Kathy Crosswell[16] que nos cuentan sobre su contenido, significado y beneficios.

---

16 *Orbes para iluminarte*, de Diana Cooper y Kathy Crosswell, publicado en castellano por Editorial Faro.

SEGUNDA PARTE

Poner orden
o la irresistible atracción del vacío

Ya expliqué al comienzo de este libro que resulta difícil hacer apartados estancos donde encajar el efecto de nuestras acciones y formas de pensar, puesto que cualquier punto de nuestro Ser en el que incidamos afectará a todo lo demás. Por ello no importa por dónde empieces o si solo te quedas con una parte de lo aquí expuesto. La transformación se habrá puesto en marcha, si lo pones en práctica.

Ahora, voy a exponer temas que no van a ser encasillados, puesto que afectan a todos los ámbitos de la vida, de nuestro día a día, como son las relaciones o la forma de propiciar un cambio de lo que no nos gusta en nuestra experiencia vital en este momento.

Cómo poner orden

Como siempre, empecemos por las pequeñas cosas, por la vida cotidiana, por nuestro entorno de influencia más cercano. Por ejemplo, por **nuestra casa**. ¿Cuántas veces hemos comentado que nos gustaría poner orden, pero no lo hacemos? ¿Que tendríamos que deshacernos de muchas cosas, pero seguimos amontonándolas por todas partes?

Empecemos un día cualquiera, aunque sea sin demasiada convicción de que vayamos a hacer mucho, pero dando el primer paso.

Podemos empezar por un armario. Puede ser el de los trastos, el de la ropa o incluso un cajón de la cocina.

Observa su contenido antes de empezar, lo más neutral posible, viendo qué es lo que realmente usas y qué no. Hay algunas preguntas que nos pueden ayudar: ¿realmente necesito esto? Y la podemos reforzar con: ¿cuánto tiempo hace que no utilizo esta cosa?

Si el periodo es de más de un año, sin duda, puedes desprenderte de ella. En realidad no forma parte de tu vida. Si te resistes, alarga el plazo a dos años, y saca del armario o el cajón, sin piedad ni remordimiento, eso que YA NO TE SIRVE. Está ocupando un espacio precioso que una vez desalojado quedará libre para llenarse de aire, de luz, de amplitud y, tal vez, de algo mucho más hermoso y acorde a tu forma de ser y sentir en este momento.

Con esta limpieza, estamos siendo coherentes y el primer efecto es una sensación de liberación, como si se nos ensanchara el corazón. Iremos descubriendo, poco a poco, cómo tiene su repercusión en otros aspectos de nuestra vida. Puesto que poner orden en el interior implica poner orden en el exterior. La casa, en la interpretación de los sueños simboliza el alma. Si el orden impera en todos los rincones de nuestra casa, nuestra alma estará libre de muchos lastres. Cualquier bloqueo nuevo se hará evidente y podremos resolverlo antes y con más facilidad.

El vacío atrae a lo nuevo. Retirar lo
insatisfactorio es poner un imán a algo mejor.

Podemos realizar la práctica de poner orden en todas las áreas que se nos antoje y abriremos nuevas posibilidades que nos llenarán de alegría y sorpresa. Pues al hacer el "VACÍO" permitimos que nos llegue todo lo bueno que está esperando y que nos alcanzará cuando le hayamos hecho espacio.

Uno de esos aspectos, en los que vigilar nuestra coherencia y poner orden, es el **trabajo,** me refiero a la actividad laboral. Mira si lo realizas con convencimiento, por decisión propia, de la forma que tú quieres y orientado a metas que encajan con tus valores primordiales. Si es así, seguro que es una de las facetas de tu vida que te aporta más satisfacción.

Si no es así, existe alguna incoherencia que conviene identificar, para ajustarla y transformar esa actividad en algo grato y fácil de realizar. O tal vez lo que haya que hacer es cambiar de trabajo, porque en este momento sea totalmente incoherente, es decir, incompatible con tu manera de ser, pensar y sentir. Prueba otras opciones y trata de encontrar aquella con la que más sintonizas. Simultanea una actividad con otra hasta que encuentres la que realmente te llena. Cuando optes por la que más resuena contigo verás de inmediato su efecto en tu salud física, mental y espiritual.

Capítulo 4

Las relaciones

Otro aspecto donde poner orden son nuestras relaciones, bien sean sentimentales, con amigos o con grupos. Si en ellas reina la coherencia, serán una fuente inagotable de satisfacción. Si en alguna no estamos cómodos o hay dificultades, echemos un vistazo: ¿Qué es lo que se ha salido de la línea de la coherencia con nuestro verdadero sentir? ¿Qué es lo que no encaja y por qué? Busquemos la manera de ajustarlo. Si después de varios intentos no lo logramos, tal vez, simplemente, es que esa relación ha llegado a su fin y ya no está en sintonía con nosotros. Asumamos que es mejor un buen remate que seguir apegados a ella generando malestar, cuando no sufrimiento, por querer mantenerla en nuestro "armario".

Estemos preparados para la reacción del otro o de los otros que tratarán de alimentar nuestra culpabilidad, nos colmarán de reproches o se harán las víctimas. Utilizarán diversas estrategias burdas o sutiles, pero, por lo general, se resistirán a dejarnos ir. Mantengámonos firmes en nuestra sopesada decisión. Agradeciendo y valorando la experiencia compartida, pero sin someternos al chantaje.

Nuestro siguiente caballo de batalla es el **temor al vacío** ante la pérdida de las relaciones. Este vacío es inevitable en cada cambio evolutivo, pues dejamos atrás todo lo que ya no sintoniza con

nosotros. Se suele traducir en una sensación de agujero en el estómago, de losa en el pecho o de garra que atenaza la garganta. Estará
presente por un tiempo hasta que de nuevo se abran puertas ante
nosotros. Si confiamos en ello, el proceso será más rápido y leve.
Recordar como en otras ocasiones ocurrió lo mismo y las puertas se
abrieron reducirá nuestro temor y ansiedad, y *saltaremos al vacío* con
la expectación y el gozo de los paracaidistas expertos.

Mientras, podemos tratar de agradecer el aprendizaje de lo pasado y valorar serenamente las ventajas que supone la nueva situación. Siempre las hay. La principal es la de un nuevo panorama, un
nuevo paisaje que transitar libres de equipaje, con ilusión y apertura
por lo mejor que está llegando a nuestra vida. Transitar y fluir con-
fiadamente por la vida nos aportará armonía y paz, en especial si no
creamos muchas expectativas sobre algo o alguien, ya sea una fiesta
de cumpleaños, un trabajo, un amigo, una pareja, etc., para evitar
verlas defraudadas y experimentar un dolor innecesario.

Cuando el dolor se produce, lo mejor es aceptarlo y permitirlo,
reconocerlo, para evitar que aguarde escondido y regrese redoblado
al menor descuido. Atenderlo y dejarlo ir con el duelo pertinente,
nos facilitará acostumbrarnos a la pérdida según recorramos sus
distintas fases: la negación, la ira, la negociación, la depresión, y
finalmente la aceptación. Todas ellas magistralmente descritas por
Elizabeth Kubler-Ross, en su libro "*La Muerte y el Morir*" (1969).

Estas fases son aplicables a cualquier tipo de pérdida, bien sea
una relación, un ser querido que se ha ido, un trabajo o una casa
que dejamos atrás.

Las relaciones sentimentales, una asignatura pendiente

Terminar una relación

Al comienzo de este capítulo hemos comentado cómo poner orden en las relaciones. Es aplicable a todos los tipos y, por supuesto a las sentimentales. Aunque generalmente es en estas en las que parece ser más difícil e intenso.

Vamos a reforzar algunos aspectos para hacerlo más llevadero:

✓ Expresa tu agradecimiento por lo vivido y el aprendizaje obtenido.

✓ Escribe los pros y contras de la relación, para aclarar tu mente y sentir con sinceridad y honestidad lo que siente tu corazón, lo que lo ensancha y libera o le hace contraerse y llorar.

✓ Remata la relación cuando sientas que resta más que suma, sin autoengaños.

✓ Cámbiale la etiqueta, es decir, transfórmala en una relación de amistad si es que esa es la forma en la que realmente se ha estado expresando. En algunos casos puede tratarse incluso de una relación de colaboración profesional o de cooperación económica. Identifica cómo está siendo la relación y, si quieres seguir relativamente cerca de la persona, dale el nombre que realmente tiene: amistad, colaboración, compañía para el ocio... y sé consecuente con ello.

✓ Atrévete a dar el salto en el vacío. No temas la soledad pues reporta muchas ventajas. Recuerda que somos nuestra mejor compañía y nuestro mejor amigo. Aprender a convivir con nosotros mismos y apreciar el bienestar que esto nos reporta, nos hará mejorar como personas y atraeremos a nuestro entorno a seres afines que nos darán una medida de nuestra valía.

Si aún te resulta difícil, te recomiendo escribas estas frases varias veces. Te ayudarán a cerrar ciclo con esa persona (o grupo):

"Yo perdono completa y amorosamente a............ por ...."

"Cierro este ciclo de amor (o hermandad, sociedad, etc.) con.............."

Conseguir pareja ideal

Por lo general cuando hablamos de nuestra pareja ideal describimos a una persona que tiene una serie de cualidades de las que carecemos nosotros. Buscamos, en la mayoría de los casos, nuestro complemento. Esto hace que nuestras expectativas de una relación de pareja se basen en la carencia, en conseguir lo que no tengo.

Esa carencia se perpetuará en el tiempo, una y otra vez, porque nadie puede darnos lo que no tenemos, tan solo podemos conseguirlo por nuestros propios medios.

———

Una metáfora que ilustra esto es la del cuento de los círculos incompletos que rodaban en busca de la parte que les faltaba para ir derechos y felices en lugar de a trompicones. Cuando encontraban un trozo que encajaba en parte en su hueco se acoplaban e intentaban rodar, pero tan solo lo conseguían por muy corto trecho con grandes equilibrios y dificultad. Hasta que un día se encontraron con un círculo completo, perfectamente redondo que se había ido puliendo a fuerza de rodar y rodar y que por fin consiguió su redondez.

No buscaba a nadie porque por sí solo hacía un camino fácil y alegre. Los otros círculos tomaron nota, y rodaron y rodaron hasta que se pulieron de igual forma. Así podían rodar juntos y compartir cuando quisieran, sin necesidad de ir frenándose o acelerándose para alcanzarse y sentir una apariencia de plenitud. Ahora ya estaban plenos, tanto si rodaban solos como si lo hacían en compañía.

Para conseguir nuestra redondez podemos empezar por hacer un listado de las virtudes que nos gustaría tuviera nuestra pareja. Después lo releeremos para comprobar cuáles de ellas ya tenemos y cuáles no. Estas últimas son las que habremos de cultivar en nosotros.

La única forma de atraer a nuestra pareja ideal es convertirnos en su reflejo. El Universo funciona con la Ley de la Atracción en todos los aspectos, en este también.

De esta forma podremos **compartir** en lugar de **necesitar**, y disfrutaremos tanto de nosotros mismos como de quienes quieran rodar con nosotros, sin expectativas ni carencias.

Este rodar autosuficiente e independiente también nos permitirá liberar a nuestros compañeros de la carga de atender todas nuestras necesidades tanto físicas como emocionales.

Por lo general, esperamos que sea nuestra pareja quien las cubra todas, como un Superman o una Superwoman capaces de satisfacernos a todos los niveles. Sin embargo, esto no se lo exigimos a nuestros amigos. Pocos son los que pueden cubrir todo el abanico de nuestros intereses y aspiraciones a nivel intelectual, espiritual, laboral, sentimental, incluso de nuestros gustos de ocio y aficiones.

Por ello solemos buscar la compañía de unos o de otros amigos según lo que vayamos a hacer. Nuestra pareja no tiene, por tanto, que estar en todas nuestras actividades, ni esperar que sea el chico o la chica "idóneo para todo". Esto crea una sobrecarga de responsabilidad y compromiso innecesarios que a la larga suele deteriorar la relación.

Lo mismo reza para la relación con nuestros hijos o nuestros padres. De ellos no depende nuestra felicidad, y depositar toda nuestra apuesta en otras personas lleva a la frustración asegurada.

Tan solo hay una persona en el mundo en la que podemos y debemos depositar toda nuestra inversión, toda nuestra confianza, todas nuestras expectativas y somos **nosotros mismos**. Porque solo en nosotros podemos influir realmente, amoldando nuestras aptitudes y comportamientos para no defraudarnos.

Valoración y respeto, bases de la educación y la convivencia

Para completar este esbozo sobre el tema de las relaciones quiero hacer hincapié en las bases en las que se ha de apoyar toda relación: la Valoración y el Respeto. Sin ellas no es posible que fluya la más elemental armonía. Da igual si se trata de la relación con el panadero, con el jefe, con tu hijo o con el amor de tu vida. No es posible que nada hermoso crezca en un campo que no esté abonado por estos dos ingredientes que han de sostenerse de forma permanente por mucho que dure la relación.

A veces se olvidan y ello es debido a un enfoque erróneo sobre el otro, por considerarle una propiedad al creer que está **comprometido** contigo. Sean cuales fueren las circunstancias contractuales de la relación nadie está obligado a nada, ni es propiedad de nadie.

Basta con observar a los seres puros, ellos lo tienen muy claro. Me refiero a los bebés, los pájaros, los perros jóvenes y otros animales libres. Se muestran tal cual, plenos de amor y belleza, pero no se someten por concepciones de débito obligado, entregan su cariño y su presencia espontáneamente, solo cuando lo desean… y esperan lo mismo de nosotros.

Yo soy tú - Tú eres yo

Yo soy tú. Tú eres yo. No hay diferencia. Nuestra esencia más profunda es la misma. Su manifestación externa también, a nivel de corazón, pues todos queremos amar y ser amados, sentirnos en paz y felices. La forma en la que cada cual busca esto es lo que difiere. Dónde pones tus metas en esta búsqueda es lo que establece las apariencias externas en el cuerpo, en la mente, en las cosas que nos rodean.

En definitiva la búsqueda externa es un reflejo de la interna. En ocasiones también es una forma de despistarnos y perder el rumbo de lo que realmente nos importa. El caso es que no hace falta buscar mucho, ni lejos. Es dentro de nosotros donde encontramos la clave de nuestra felicidad.

Fácil de decir y difícil de conseguir ¿verdad? Pararnos y sentirnos, sin mente, sin expectativa, sin recuerdo, solo sentirnos en este instante. El mundo se para y escucha con nosotros... y sentimos.

Sin juicio, reflexiones o argumentos. Nada. Solo sentirnos. Ni bien, ni mal, estar aquí y ahora. Lo demás puede esperar. Este momento, en el único en el que realmente estamos, somos todo lo que ansiamos. Esta presencia nuestra no siente dolor, ni angustia, ni prisa, ni miedo, ni cólera. Simplemente es. Haga lo que haga, sigue siendo, sin ascender ni descender, sin avanzar ni retroceder. Es perfecta tal cual.

Desde este Ser puedes adoptar cualquier papel para andar por ese mundo de ahí fuera, al que volveremos para seguir aprendiendo y experimentando. Te sugiero el papel del Observador, pues facilita mantenerse en este estado de presencia en el que ya tenemos todo lo que deseamos, ¿recuerdas?, amar y ser amado, paz y felicidad.

Observando podemos apreciar muchos matices que antes pasaban desapercibidos. Nos hacemos inmunes a las reacciones automáticas por lo que otros hacen, dicen o piensan. Esto nos permite ver más allá. Tal vez sus motivaciones, o tal vez las circunstancias que los inducen a comportarse así. Ni lo justificamos ni lo rechazamos, simplemente lo vemos, sin reacción, recibiendo la información sin más. Actuaremos como consideremos adecuado para nosotros, con neutralidad y firmeza, sin ser arrastrados como antes por el torbellino de las emociones y las suposiciones que solo generan rencor y conflicto. Es como representar un personaje en una obra de teatro, pero sin identificarnos con él.

Esta forma de ser y estar en el mundo te ahorrará muchos problemas y complicaciones. Es como si fueran colocándose las baldosas del camino que recorres, porque ya no vas generando obstáculos, sino que fluyes como un río, deslizándote entre y sobre las situaciones. Resolviendo sin atacar y sentirte herido. Siendo tú mismo, ese ser maravilloso y perfecto, que reconoce en el otro la misma esencia maravillosa y perfecta.

Este estado de armonía, de estabilidad, puede llegar a parecernos anómalo y hacernos pensar que nos hemos vuelto insensibles ¡Tan acostumbrados estamos a la montaña rusa de las emociones! Pero, muy al contrario, en lugar de abandonarnos a la desbocada carrera de la acción/reacción, estamos haciéndonos cargo de nuestra vida y manteniendo una línea directa con nuestro corazón, con la esencia de nuestro Ser.

Capítulo 5

La meditación, una herramienta maravillosa

He venido sugiriendo la meditación a lo largo de este libro como una herramienta útil para alcanzar la paz y reencontrarnos con nosotros mismos.

Cada vez que me siento dolorida físicamente o dolida emocionalmente, encuentro el sosiego si le dedico unos minutos a la Meditación. No es necesario sentirse mal para practicarla. Convertirla en un hábito diario es una apuesta segura, porque reporta muchos beneficios:

- ✓ Nos lleva a un estado profundo de bienestar, de relajación física y mental, que promueve la salud, permitiendo a nuestro organismo recuperar su estado normal y su capacidad de autosanarse.
- ✓ Nos libera de preocupaciones, permitiéndonos contemplarlas con distancia y lucidez, desde un punto más objetivo, lo que facilita la resolución de problemas al desidentificarnos de ellos.
- ✓ Permite la expansión de nuestra conciencia para conectar con la parte oculta de nosotros, tanto psicológica como espi-

ritual, incluso física; disfrutando de sensaciones y experiencias poco habituales en nuestra vida cotidiana.

∨ Nos hace conscientes del Aquí y Ahora, permitiendo que se manifieste nuestra esencia más profunda. Emprendemos con ello un camino de evolución que nos descubrirá las respuestas a nuestras preguntas metafísicas, no con la mente, sino con la experiencia directa, sintiéndolas.

Hay infinitas maneras de meditar, casi tantas como practicantes. Existen escuelas y tendencias múltiples que benefician a muchos, pero yo abogo por la simplicidad, porque cada cual escoja la que mejor le convenga, sin rigideces. No será siempre la misma manera a lo largo de nuestra vida, sino que irá cambiando al igual que lo hacemos nosotros.

Si no has meditado nunca y quieres empezar, aquí tienes unas sugerencias básicas:

∨ *Escoge un lugar tranquilo* donde los ruidos sean mínimos. Con una iluminación que te sea grata, la luz de una vela puede ayudar.

∨ *Busca una postura confortable*, pero que te permita mantenerte despierto. Ten en cuenta que es probable que tu temperatura corporal baje durante la meditación, por ello abrígate lo suficiente antes de empezar.

∨ *Determina cuánto tiempo le vas a dedicar* y ponte un reloj a la vista. Precisamente para poder olvidarte del tiempo.

∨ *Elige tu momento más propicio*, cuando no vayas a ser molestado. Crea tu espacio. Si quieres establecer un hábito, es más fácil conseguirlo realizando la meditación a la misma hora todos los días. El comienzo y el final del día son especialmente recomendables.

∨ *Prueba diversas maneras de meditar* para encontrar la que más te guste: escuchando una música suave o sonidos de la naturaleza, dejándote guiar por alguna grabación[17], o simplemente observando tu respiración, una flor, un paisaje, una vela o tu propio cuerpo. Incluso puedes meditar en movimiento: haciendo ejercicios concentradamente, paseando, bailando...

Poco a poco irás haciéndote cada vez más presente, más consciente. Llegarás a esperar gozosamente ese momento de paz en el que se convertirá tu rato de meditación. El momento de no hacer, solo de Ser.

La meditación es una fuente de inspiración, pues al aquietar nuestro cuerpo y nuestra mente, nos sobreviene un estado en el que podemos sentirnos en armonía plena, en conexión con nuestra propia información y digamos que también con los archivos generales registrados en el éter[18].

La solución idónea a muchos problemas complicados sobreviene en un estado de quietud y no cuando estamos pensando frenéticamente. Pregúntale a muchos científicos, empresarios y creativos cómo han llegado a sus mejores ideas.

Practicada con sencillez y sin grandes expectativas, la meditación es inmensamente útil para conseguir y mantener un estado de equilibrio que repercutirá en todos los aspectos de nuestra vida.

Motas del universo, dioses en acción

Somos pequeñas motas en el universo y al mismo tiempo seres divinos en plena co-creación.

17 Puedes escuchar y descargar gratuitamente Meditaciones grabadas de distinta duración en www.farodeluz.es>comparto>meditac.grabadas.
18 También llamados Registros Akáshicos.

¿Acaso no te has sentido alguna vez tan poderoso e inabarcable como una montaña? Y otras veces, ¿tan minúsculo que parecías no merecer ni el aire que respirabas?

Ambas cosas son ciertas y simultáneas. De ahí la necesidad de ser humildes y, también, la de aceptar nuestro inmenso poder. Manejarse en ese equilibrio puede llegar a ser fácil, a fuerza de costumbre. Esa costumbre se adquiere con la práctica. La de no renunciar a ninguna parte de nosotros. La divina y la humana. Es como mirar desde un balcón cómo discurre la vida de nuestro pequeño, bendito y despistado ser humano.

Esta paradoja nos lleva a "Estar en el mundo sin ser del mundo"[19].

La acción de Ser

Como seres divinos que somos podemos optar por hacer o no hacer. Si decidimos hacer, que sea siempre desde nuestro centro, desde la bondad de nuestro corazón, lo mejor que sepamos, sin culpa, ni grandes aspiraciones, solo siendo, observando y haciendo.

Si nuestra acción busca algo, que sea el beneficio de todos, sin perjuicio de uno mismo. Si no sabemos qué hacer, quedémonos quietos, esperando saber.

Muchas veces no tenemos que hacer nada, solo estar. Nuestra presencia en nosotros y en cada lugar es suficiente. Tal vez no veamos los resultados, pero tampoco es necesario, puesto que, al no tener objetivos de ganancia personal, los resultados no importan. Aunque en más de una ocasión llegará a nuestro conocimiento, sin buscarlo, cuáles han sido esos resultados y nos ratificará que el camino elegido es el adecuado, al ser el que nos lleva a esa Paz tan ansiada.

---

19 Este concepto, que al parecer expresó Jesús el Cristo, según el Nuevo Testamento, se desarrolla y explica en la pág. 99 en *"YO SOY TÚ - TÚ ERES YO"*.

Esa Paz que habitualmente perseguimos por otros medios que nos llevan por derroteros mucho más complicados y alejados de tan preciado estado.

En nuestra civilización occidental, ¡es tan difícil pararse y simplemente ser! ¡Pararse y simplemente sentir! Es lo más hermoso de este mundo. Pararnos lo suficiente para colocarnos dentro de nosotros, en nuestro centro, sin más pretensiones que estar.

Sin embargo, de inmediato aflora la culpabilidad por no estar produciendo, haciendo, pensando o moviéndonos sin más. Estamos hundidos en la creencia de que "tanto haces, tanto vales". Todo ello simplemente nos desgasta y, en muchas ocasiones, no nos lleva a ninguna parte. Sin embargo, parece que así cumplimos con lo que se espera de nosotros, con lo que nosotros mismos hemos aceptado como la medida de nuestra valía, pero lo que valemos nunca depende de lo que hacemos. Nuestro valor es intrínseco y lo traemos de nacimiento. Lo demás tan solo es una máscara de utilidad y efectividad que, a poco que indaguemos, nos muestra su falacia. Esta es la razón por la que nos cuesta tanto parar, porque implica ver y reconocer que todo ese movimiento no sirve para gran cosa, solo para mantenernos aturdidos dando vueltas en un eterno círculo.

Por eso nos altera y asusta que alguien se salga de ese círculo vicioso, que se pare. La creencia es que le sobrevendrán todo tipo de males. Esta creencia es la mejor manera de mantenernos atados a la noria. Es la mejor manera de apartarnos de nosotros mismos. Es la mejor manera de alimentar nuestra infelicidad.

La contemplación no tiene buena prensa en nuestra sociedad. Aun así, se va abriendo paso a través de prácticas cada vez más admitidas como la Meditación, la Relajación, el Yoga o el Reiki, entre otras muchas. Basta con experimentarlas una o dos veces para reconocer y disfrutar de la inmensa Paz que nos procuran. Nos hacen tomar contacto con esa parte de nosotros que teníamos tan olvidada y que realmente es nuestra esencia. Nos llevan con suma facilidad a un bienestar del que no apetece salir, porque ahí no existe la competencia, el estrés, el sufrimiento y la angustia que nos acompañan a lo largo del día, incluso de la noche.

Muchos se acercan, lo descubren, y salen corriendo. ¡No puede ser que sea tan fácil ser feliz! ¡Tiene que resultar difícil para que sea creíble! En realidad tan solo hay que renunciar a sufrir como todos los demás. Pero esto nos sacaría de la comodidad del rebaño y, aunque fuera sea mucho más agradable y deseable, nos dejaría aparentemente solos y expuestos al rechazo del conjunto, puesto que ya no seríamos como los otros. Es una trampa de la que muchos desean salir, pero prefieren perpetuar el estado de malestar para no desentonar, para atrapar la compasión, el reconocimiento y la energía de los otros a través del "pobre de mí".

Llegar a ese estado de bienestar no requiere sentarse en una postura complicada o encerrarse en una habitación. Es suficiente con una silla a la que entregarse, un banco en el parque o quedarse de pie si lo prefieres. Cerrar los ojos ayuda. Interesa que el lugar permita crear ese espacio dentro de ti, sin que te interrumpan en unos minutos, pocos o muchos. Puede hacerse en mitad de la naturaleza, en tu casa, en la calle, incluso en la oficina o en un transporte público. **Será tu tiempo para la Paz y el Silencio**. Sin más pretensiones que respirar y pararte. Sin otro objetivo que Ser. Deja que todo lo demás desaparezca por un instante, luego lo retomarás, pero ese momento mágico y puro seguirá contigo el resto del día, permitiéndote vivir el mundo de otra forma. Regálatelo cuantas veces quieras/puedas, puesto que querer es poder, y verás cómo cambia tu estado interno y consecuentemente tu entorno.

Somos libres de no actuar

Tenemos poder de decisión, somos los dueños de nuestra vida. Pero, ¿cuántas veces nos vemos subidos a un carrusel de continua actividad, en el que nos sentimos presionados y zarandeados por los compromisos, las obligaciones y el "tengo que"? ¿Quién no conoce esa presión en el pecho o en el estómago que nos tiene en un puño todo el día, corriendo de un lado para otro? Al final de la jornada estamos exhaustos, frustrados, impotentes y con la sensación de no llegar a todo lo que nuestra mente y la mente grupal nos propone. Pero, ¿qué es lo que realmente nos propone nuestro corazón? ¿Qué es lo que realmente queremos y deseamos materializar en nuestra vida?

Resolver esa cuestión es tan sencillo como parar y preguntarnos. Durante unos segundos; si es posible, unos minutos. Si es varias veces al día, aún mejor. Podemos empezar por pararnos ante asuntos cotidianos, como comprar algo o tomar un transporte. **Pregúntate si es lo que realmente quieres hacer.** Si la respuesta es SÍ, adelante, pero desde la convicción de que eso es lo que quieres hacer y lo vas a hacer. No porque debes, o te obligan, o te empujan, sino porque tú has decidido hacerlo. Desde comer, porque quieres seguir viviendo, o dejar de hacerlo, porque quieres dejarte morir; o trabajar porque quieres permitirte ciertas comodidades, o dejar de hacerlo y vivir bajo un puente.

Si la respuesta es NO, replantéate por qué lo haces, para qué, y busca la manera de cambiarlo desde tu libre elección. Si puedes, deja de hacerlo en ese mismo instante y busca otra opción que sea válida para ti, que te haga sentir bien. Y así será porque tú la decides.

Si has de posponer el cambio, que sea por poco tiempo. Es muy sabio el dicho popular de que "no dejes para mañana lo que puedas hacer hoy", porque ese mañana en muchos casos nunca llega.

A medida que vayas practicando, irás ampliando tu campo de auto-preguntas y respuestas hacia temas y situaciones más complejas y candentes sobre los que podrás arrojar una nueva luz. Es un juego entretenido y divertido que te hará sentir cada vez mejor y más dueño de tu vida. Más libre y feliz.

Frutos de la no acción

La aventura de ir al encuentro de lo que tenemos dentro es inmensa, emocionante y maravillosa. Está plagada de sorpresas. Es de tal belleza y profundidad que merece la pena. Aunque se nos presenten algunos aspectos poco gratos de nuestro yo, podremos contemplarlos desde la serenidad, con paciencia y comprensión, como hacemos con un niño pequeño. Así tendremos la oportunidad de reorientarlos o simplemente aceptarlos, puesto que también forman parte de nosotros. De esta forma dejarán de actuar desde la sombra, como saboteadores de nuestra estabilidad, boicoteándonos en el momento menos oportuno.

Desde el recogimiento contemplamos también nuestros problemas grandes y pequeños, que adquieren un aspecto diferente. Es el punto de vista del observador, una panorámica que amplía el horizonte y permite contextualizar las situaciones en un marco mayor. Permite salir de nuestro ombligo y ver el panorama completo, lo que le da su justa medida al problema y suele aportar soluciones que antes no veíamos.

Volvemos a hacernos cargo de nuestro poder, como seres divinos, para co-crear nuestra VIDA.

Agradecimientos

Quiero dar las gracias a mis padres por su generosidad y apoyo incondicional aun cuando no compartieran mis inquietudes. Me han hecho superarme y reafirmarme cada día. A mis hijos que me han mostrado otra forma de ver y de ser. Su sola presencia me inspira nuevos retos. A mis nietas por su frescura, ternura y profunda sabiduría, pura y libre.

A todos los amigos, compañeros, alumnos y pacientes que han compartido su tiempo conmigo, de los que he aprendido mucho más de lo que les haya podido mostrar, y con los que he podido experimentar a fondo todos mis matices y seguir ampliándolos.

A todos ellos gracias, como los fantásticos Maestros que son, tanto por línea directa —para imitar— o inversa —para no hacerlo—.

También quiero agradecer a los no visibles, a los que siento cada vez más presentes en esta experiencia de vida. Me han ido guiando desde dentro, acudiendo de inmediato a mi llamada cuando he pedido su apoyo y colaboración para emprender cualquier tarea; incluida la confección de este libro.

Y a ti lector, gracias por tu tiempo y atención, porque sin ti no existiría una razón para haberlo escrito.

SOBRE LA AUTORA

MARA CASCÓN nació en Madrid, España. Desde hace más de 30 años viene dedicándose a la formación de profesionales de distintos ámbitos, con un enfoque humanista e integrador que empodera a las personas y les permite tomar contacto con su fuerza interior.

Esta intención se transmite en sus obras como Pintora y Escritora.

Durante 36 años trabajó en el sector financiero como técnico y comercial directivo, simultaneando su desarrollo como ser humano y profesional en técnicas energéticas y no convencionales.

Es Formadora y Terapeuta Natural Integrativa. Instruye y facilita en Meditación, Códigos Solares, Reiki y otras herramientas energéticas y sutiles.

Más información en www.farodeluz.es

Más obras de

MARA CASCÓN

www.farodeluz.es

EILEEN. OTROS MUNDOS ESTÁN EN ÉSTE

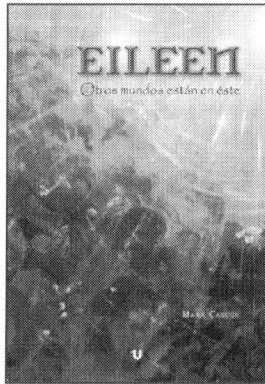

Dejando a un lado su pudor, la protagonista va desgranando sus secretos, haciendo partícipe al lector de toda la belleza que encierran.

Como en toda vida están presentes los triunfos y las derrotas, el amor y el sexo, la alegría de vivir y la soledad. Y nos guía para hacer el tránsito por esos puntos de inflexión, donde se siente el vacío y la frustración, que requieren el coraje necesario para hacer un cambio de vida o asumir la que tienes con todas las consecuencias.

CONECTANDO PUNTOS DE PODER

Todo viaje fuera es un viaje dentro

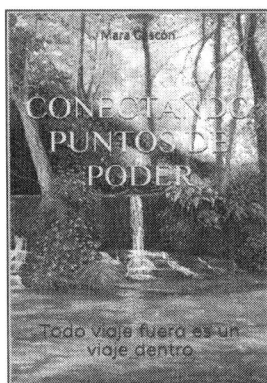

Un nuevo enfoque en nuestras creencias hace que la vida cambie y las experiencias sean distintas o se vivan de otra forma, con más amplitud y profundidad. Como ocurre en los viajes, donde cambian nuestras referencias y punto de vista, donde somos realmente nosotros o nos permitimos serlo fuera de los condicionantes de la vida cotidiana.

Recorre lugares poderosos de España, Europa o América y siente su fuerza a través de las aventuras que Mara Cascón relata en este libro.

VIAJE POR UNA VIDA PLENA

Sugerencias y relatos para construir una experiencia a tu medida

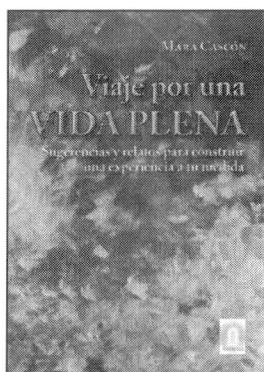

En este libro se funden dos títulos de la misma autora: *Crea una Vida Plena* y *Conectando Puntos de Poder*. Juntos constituyen un manual de vida para recorrer los caminos que ésta nos depare, con el acompañamiento y la experiencia que sus páginas destilan.

Ilumina como un faro en la distancia, abriéndonos paso en la oscuridad, para mostrar el camino de vuelta a casa.

www.farodeluz.es

mara@farodeluz.es

Printed in Great Britain
by Amazon